家庭教育百问百答

浙江明德书院　编著

中国出版集团有限公司

世界图书出版公司

上海　西安　北京　广州

图书在版编目(CIP)数据

家庭教育百问百答 / 浙江明德书院编著. —上海：
上海世界图书出版公司,2024.5
ISBN 978-7-5232-1254-7

Ⅰ.①家… Ⅱ.①浙… Ⅲ.①家庭教育-问题解答
Ⅳ.①G78-44

中国国家版本馆 CIP 数据核字(2024)第 066587 号

书　　名　家庭教育百问百答
　　　　　　Jiating Jiaoyu Baiwen Baida
编　　著　浙江明德书院
责任编辑　杨　妮
出版发行　上海世界图书出版公司
地　　址　上海市广中路 88 号 9－10 楼
邮　　编　200083
网　　址　http://www.wpcsh.com
经　　销　新华书店
印　　刷　江阴金马印刷有限公司
开　　本　890mm×1240mm　1/32
印　　张　8.625
字　　数　194 千字
版　　次　2024 年 5 月第 1 版　2024 年 5 月第 1 次印刷
书　　号　ISBN 978-7-5232-1254-7/ G·858
定　　价　49.80 元

版权所有　翻印必究
如发现印装质量问题,请与印刷厂联系
(质检科电话:0510-86626877)

序　一

中华志愿者协会专职副秘书长　刘红尘

众所周知,家庭是人生成长的起点,是孩子接受教育的第一所学校。在实现中华民族伟大复兴的新时代,笔者认为,家庭是社会的细胞,是自然关系和社会关系的总和。"生命的生产,无论是通过劳动而达到的自己生命的生产,或是通过生育而达到的他人生命的生产,就立即表现为双重关系:一方面是自然关系,另一方面是社会关系。"[①]马克思、恩格斯认为,构建和谐亲子关系的基础是父母对子女的教育,最基本的原则是应时刻体现出最贴心的爱,在对子女的爱中体现出平等,在教育的内容方面应体现出全面性,即"在智育、体育、技术教育等方面都应受到相应的培养,应该让孩子们受到广泛的教育"[②]。由此可见,重视家庭教育,是对马克思主义家庭观的全面贯彻落实。

在历史的长河中,家庭教育是中华民族的优秀传统。孟子曰:"人有恒言,皆曰:'天下国家。'天下之本在国,国之本在家,家之本在身。"东汉政治家王符所著的《潜夫论·遏利》有"贤人智士之

---

① 马克思,恩格斯.马克思恩格斯文集:第1卷[M].北京:人民出版社,2009:532.
② 镡鹤婧.马克思恩格斯家庭思想基本内涵研究[J].东北大学学报(社会科学版),2015(6):631-636.

于子孙也,厉之以志,弗厉以诈;劝之以正,弗劝以诈;示之以俭,弗示以奢;贻之以言,弗贻以财"之说。北齐的颜之推在《颜氏家训·教子》中说:"教妇初来,教儿婴孩。"即对一个人施加教育应该及时及早。北宋诗人林逋在《省心录》提出:"父善教子者,教于孩提。"韩愈在《师说》中讲:"爱其子,择师而教之。"清朝梁启超的《论幼学》告诫世人:"人生百年,立于幼学。"林纾的《闽中新乐府》指出:"强国之基在养蒙,儿童智慧须开爽,方能凌驾于人上。"张履祥的《训子语》告诫世人:"子弟童稚之年,父母师长严者,异日多贤;宽者,多至不肖。"这些论述无不振聋发聩。

在现代化和工业化的进程中,我国人口结构、家庭结构、家庭意识、女性社会地位、儿童生活内容都发生了极其深刻的变化,中国社会正面临寻求道德意义和社会凝聚力的挑战,此时我们需要重返中华民族本有的思想与智慧——回归亲情以及亲情传递给我们的牵挂和责任。为了使千千万万个家庭成为国家发展、民族进步、社会和谐的重要基石,成为儿童健康发展的重要基础和保障,国家通过颁布《中华人民共和国家庭教育促进法》(以下简称"《家庭教育促进法》"),以立法形成具体制度对家庭建设予以支持、规范与引导,"重拾家庭的重要价值,发挥家庭建设在国家治理中的重要功能,并以法治化路径来保障家庭的发展",[①]旨在保证中华民族文化精神传统的整体性、统一性和向心力。

法律的生命力在于实施。《家庭教育促进法》全面系统地把党中央关于家庭建设的要求与部署以立法的形式固定下来,将党的教育主张及时、依法转化为国家意志,用法律确立家庭与国家的紧

---

① 邓静秋.厘清与重构:宪法家庭条款的规范内涵[J].苏州大学学报(法学版),2021(2):84-94.

密联系,实现两者的双向互动。但是如何认识新时代家庭和社会的教育责任、如何把握《家庭教育促进法》的法律内涵、如何高质量地落实《家庭教育促进法》的实施要求等,无疑是摆在我们面前的系列课题。为了探索这一系列课题,中华志愿者协会家庭教育公益项目管理委员会副主任、浙江明德书院张舒翔院长和她的团队,精心编撰了这本《家庭教育百问百答》。这本书是张舒翔院长及其团队的慧心之作,也是他们长期从事家庭教育志愿服务的实践总结,书中以简洁凝练的语言、生动朴实的道理,解答了家庭教育中的一些理论和实践问题,读之启人心智,很是"解渴"。

客观地讲,做好家庭教育工作,除了家庭之外,还需要社会组织和群众志愿者的广泛参与。2019 年 11 月 8 日,中华志愿者协会专门成立了家庭教育公益项目管理委员会,以弘扬优秀的传统文化,传播良好家风等为主要业务。数年来,中华志愿者协会家庭教育管委会团结和带领广大志愿者就开展家庭教育做了大量工作。截至 2022 年底,全国志愿服务信息系统注册志愿者已经超过 2.3 亿人,注册的志愿服务组织超过 135 万个,发布志愿服务项目超过 1 010 万个,记录的志愿服务时间超过 52 亿小时。在此期间,有一大批志愿者和志愿服务组织在家庭教育工作中发挥了积极作用,成为加强和创新社会治理、保障和改善民生的重要力量。

美国社会学家莫尼汉认为:"一个民族的文明质量可以从这个民族照顾其老人的态度和方法中得到反映,而一个民族的未来则可以从这个民族照顾其儿童的态度和方法中预测。"在未来的发展中,我们有习近平新时代中国特色社会主义思想的指引,有党和政府的坚强领导,有社会各界的鼎力支持,我国家庭教育事业一定会谱写出更加壮丽的篇章!

是为序。

序　二

浙江大学公共管理学院政府管理系教授
浙江大学行政管理研究所所长
郭夏娟

2022 年是《中华人民共和国家庭教育促进法》（以下简称"《家庭教育促进法》"）正式实施的起始年。在该法实施两周年之际，由浙江明德书院编撰的《家庭教育百问百答》也即将正式出版。该成果是 2022 年杭州市西湖区妇联"西韵计划"公益创投项目之一。本人受邀写序，并非因为是该领域的专家，而是因承接浙江省妇联委托的"家庭在基层社会治理中的作用"课题，在课题调研过程中与浙江明德书院的张舒翔院长结识，并就"家庭教育"话题有过一些讨论。因此，接受写序任务，与其说是对家庭教育有专门研究，不如说是借此机会，通过学习《家庭教育百问百答》进一步学习理解《家庭教育促进法》的各项内容。

根据《家庭教育促进法》的界定，家庭教育是指父母或者其他监护人为促进未成年人全面健康成长，对其实施的道德品质、身体素质、生活技能、文化修养、行为习惯等方面的培育、引导和影响。在完整的教育结构中，家庭教育是现代教育体系的三大组成部分之一,与学校教育、社会教育共同构成塑造人的完整教育体系。无论学界还是国家决策,家庭教育均被视为一切教育的根基,对人的发展影响最早、最深刻也最全面。在众多家庭教育内容中,品德教育是核心,也是关于如何做人的教育。这是家庭教育与学校教育在内容上的主要区别。换言之,家庭教育作为人生整体教育必不可少的组成部分,是培育道德品质最直接的途径。

众所周知,随着我国社会转型与家庭功能变化,家庭教育缺失的问题依然普遍存在。与此相应,全社会对家庭教育普遍存在认识偏差。这些偏差首先表现在家长对家庭教育的误解。根据全国妇联家庭教育状况调查显示,50%的家长不知道用什么方法教育孩子,多数父母存在着不同程度的养育焦虑,父母过于关注文化课学习,缺乏对孩子思想品德、行为习惯的养成和运动等能力的培养。许多家长把教育孩子的责任推给学校,认为这与家庭教育及自己的家庭生活无关。其次是学校对家庭教育的认识偏差。家庭教育的目标主要是对孩子进行道德人格教育,但许多学校主导的家庭教育目标出现了错位,成了学校知识教育的"第二课堂"或"补课班",家长则成为学校老师的"助教"。家庭教育成为学校教育的附庸或延伸,其作用越来越多地出现偏差乃至被削弱,造成家庭教育"学校化"的倾向。最后是全社会缺乏家庭教育的科学理论指导。我国家庭教育缺乏理论指导,尤其缺少对不同学科知识的整合、设身处地的操作指导、理论建设、比较分析和中西融合贯通以及史论结合。许多过时甚至错误的家教理论,如"三岁关键期""赢在起跑线上""右脑开发"仍是家长的信条。反之,国内外的科学家教理论,如20世纪90年代发展起来的脑科学研究成果等却没有得到传播与应用。随着社会转型带来的价值取向多元化和价值选择多样化,更加剧了我国家庭教育道德人格养育的随意性与盲目性,在学校教育缺乏健康的道德人格培育的背景下,家庭教育并未能弥补这种缺失,而是延续了学校教育的道德缺憾。如果这些认识偏差不被纠正,全社会的家庭教育促进目标便难以实现。

因此,国家越来越重视家庭教育在社会治理中的作用,出台了一系列保障家庭教育发挥基础性作用的举措。习近平总书记也多次强调家庭教育对社会和谐发展的重要性。《家庭教育促进法》的宗旨正是通过制度设计,用一系列措施将家庭教育由传统"家事"上升为新时代的重要"国事",通过国家法律途径矫正长期以来社会对家庭教育存在的诸多误区,重新赋予家庭教育应有的社会地位。这不仅有助于贯彻习近平总书记关于注重家庭家教家风建设的重要论述,而且也从根本上减轻了义务教育阶段学生作业负担和校外培训负担,真正实现学校教育和家庭教育相互配合和协同推进。

值此全社会聚焦于《家庭教育促进法》实施之际,浙江明德书院积极参与《家庭教育促进法》的推广与实施,在与杭州市西湖区妇联的合作过程中,顺应社会需求组织编写《家庭教育百问百答》。从家庭教育的基本概念、家庭教育的根本任务与目标、家庭教育的协同工作机制、家庭教育的具体方法与途径等核心问题切入,围绕《家庭教育促进法》的核心内涵,即国家责任、社会协同、法律责任、家庭责任等,对家庭教育实施中普遍面临的疑问进行释疑与解析,对《家庭教育促进法》实施过程中人们普遍关心的问题给予翔实的解答。以公众喜闻乐见的问答形式,通俗易懂地解释了《家庭教育促进法》每一部分的内容,不仅为纠正社会对家庭教育的各种误解提供了科学依据,也为全社会学习领悟家庭教育的核心要义给予了有效的引导,对落实家庭教育的具体法律规定具有重要意义。

尤其难得的是,《家庭教育百问百答》中所涉及问题的提出与解答,不仅是以特定的家庭教育理论为依据,而且是基于作者团队长期身体力行的教学心得与实践感悟。一直以来,家庭教育既是浙江明德书院教书育人的核心内容,也是行之有效的实践途径。每个问题的解答既是作者的真实感悟,也凝结了作者对家庭教育实践的真知灼见。相信《家庭教育百问百答》的出版,必将有助于关注家庭教育的家长和社会各界更好地理解《家庭教育促进法》的相关知识,对于致力于家庭教育的同人则能提供实施的经验与指导,成为全社会范围内推动家庭教育的实用性工具。《家庭教育百问百答》是明德书院协同政府和社会推进家庭教育的独创性贡献,更是践行社会组织公益性责任的重要举措。本书的拓展价值体现在推动未成年人的父母或其他监护人注重家庭建设,培育积极健康的家庭文化,树立和传承优良家风,弘扬中华民族家庭美德,共同构建文明和睦的家庭关系,为未成年人的健康成长和家庭的和谐发展营造良好的社会环境。

序 三

浙江传媒学院教授　张雨雁

"大学之道，在明明德，在亲民，在止于至善。"中华民族历来注重家庭、家教、家风，古语有云："天下之本在国，国之本在家，家之本在身。""古之教者，教以人伦。"人伦教育，始于家风家道。家庭教育是教育的开端，关乎未成年人的健康成长和家庭的幸福安宁，也关乎社会稳定、民族进步和国家发展。

《中华人民共和国家庭教育促进法》的制定与实施，是大力弘扬中华民族家庭美德的法治体现，也是促进未成年人健康成长和全面发展的法治保障。其可贵之处在于：通过制度设计采取一系列措施，实现家庭教育由以家规、家训、家书为载体的传统模式，向以法治为引领和驱动、以社会主义核心价值观为主要内容、以立德树人为根本任务的新模式迭代升级，将家庭教育由旧时期的传统"家事"上升为新时代的重要"国事"；将家庭教育从学校教育的附庸地位解放出来，真正实现学校教育和家庭教育相互配合。立德树人，是学校教育的根本任务，也是家庭教育的根本所在。当学校教育不能完全覆盖的时候，家庭教育的责任就更加重大，因为孩子不仅是自己的孩子，也是国家的人才储备。孩子身心健康、德才兼备,家长则后顾无忧,社会则后继有人;孩子无德无才、作奸犯科,家长则忧心伤神,国家则事业受损。

"古之欲明明德于天下者,先治其国;欲治其国者,先齐其家;欲齐其家者,先修其身;欲修其身者,先正其心;欲正其心者,先诚其意;欲诚其意者,先致其知。"浙江明德书院编撰的《家庭教育百问百答》,用通俗易懂的问答方式,提炼了《中华人民共和国家庭教育促进法》的精髓,整理了家庭教育的相关知识,内容丰富,意义深远。相信随着该法的实施及普及,会有更多的立德意识被唤醒、更多的树人典范被传颂,从而滋养出更多的善良与美好,创造出更好的社会风尚。作为一个公民,我们更应积极主动作为,从我做起,从现在做起,努力在家庭教育和学校教育工作中找准立德树人的切入点,把培育时代新人、家庭传人落到实处。

愿每一个人都有温暖的家,愿每一个家庭都充满着爱。

序 四

浙江省之江科技智库首批智库委员 应向伟

2021 年 10 月 23 日,第十三届全国人大常委会第三十一次会议表决通过了《中华人民共和国家庭教育促进法》。同日,中华人民共和国主席习近平签署中华人民共和国主席令第九十八号,公布《中华人民共和国家庭教育促进法》(以下简称"《家庭教育促进法》")自 2022 年 1 月 1 日起施行。

《家庭教育促进法》规定,父母或者其他监护人应当树立家庭是第一个课堂、家长是第一任老师的责任意识,承担对未成年人实施家庭教育的主体责任,用正确的思想、方法和行为教育未成年人养成良好思想、品行和习惯。同时,还规定了家庭教育的内容。如要求家长培养未成年人树立维护国家统一的观念,铸牢中华民族共同体意识,培养家国情怀;培养未成年人良好的社会公德、家庭美德、个人品德意识和法治意识;关注未成年人心理健康,教导其珍爱生命等。《家庭教育促进法》明确了家长在这些方面的责任,也提供了很多家庭教育的方法和思路,非常值得家长研究学习。

不过,作为家长,虽然能够读懂条文,但对于条文产生的前因后果、条文的深刻内涵及如何将条文内容执行到位等比较深层次的问题,却并不容易理解到位。那么,家长应该如何对《家庭教育促进法》进行研究学习呢?《家庭教育百问百答》的出版为解决这些问题提供了清晰明确的答案。

《家庭教育百问百答》从家长的角度出发设问,大致可归为三大类问题。

一是对《家庭教育促进法》的出台背景、立法目的、实施时间、法律名称、与其他相关法律的关系以及家庭教育的法律定义等进行了解答。这是《家庭教育百问百答》最基础的部分,让家长充分理解《家庭教育促进法》的重要意义,这也是让家长对该法理解深透的前提。

二是对《家庭教育促进法》的总则部分进行了较为细致的解读。总则是《家庭教育促进法》的概括性篇章,是该法最为简明扼要的阐释。《家庭教育百问百答》通过对其中的关键性概念进行阐释,让家长能够读懂其中蕴藏的丰富内涵。如针对未成年人的个体差异,《家庭教育百问百答》从发展水平、表现早晚、结构、性别四个方面进行了科学分析,告知家长应该尊重规律而不是揠苗助长。通过这样的问答,家长能够在实际的家庭教育中将理论结合实际,让家庭教育能够细水长流。

三是对《家庭教育促进法》的家庭责任、国家支持、社会协同、法律责任部分进行了更加细微的解读。如"何为正确的成才观""从哪些方面保证未成年人的身心健康发展""试论在家庭教育中言传身教的重要性""为什么要严慈相济"等问题,不只是简单的法律条文解析,更是从教育学、心理学等角度为家长出谋划策,让家长能够更好地把握家庭教育的尺度,使《家庭教育促进法》的落实更加到位。

回顾历史,言传身教、慈严相济、因材施教、循序渐进、劝学勉学、环境塑造等家庭教育相关理念其实早已存在,并通过孟母三迁、韦编三绝、《颜氏家训》等故事、典籍得到了广泛的传播。但自古以来,家庭教育基本上由各自家庭来负责。国家虽有劝学之策,但作为正式法律条文来促进家庭教育发展的,《家庭教育促进法》是首部。该法将家庭教育从"家事"上升为"国事",将国家教育的发展与个体家庭教育的发展更加紧密地联系到了一起,让家国一体的内涵更为丰富了。

《家庭教育百问百答》的问世,不仅通过细致的问答让家长们明确了"是什么"的问题,让他们对《家庭教育促进法》的具体内容有了更加清晰的认识,而且通过多学科、多维度的解读让家长们知道了"为什么""怎么办"的问题,对《家庭教育促进法》的实施必将起到积极的作用。

最后,衷心祝愿《家庭教育百问百答》一书能够得到读者大众的广泛认可,为我国家庭教育蓬勃开展贡献更多力量。

目　录

《中华人民共和国家庭教育促进法》出台的社会背景是什么？

一、当今世界正经历百年未有之大变局，我国也正处于实现中华民族伟大复兴的关键时期，亟须德才兼备的经世大才

党的十九届五中全会深入分析了我国发展环境面临的复杂变化，指出："当前和今后一个时期，我国发展仍然处于重要战略机遇期，但机遇和挑战都有新的发展变化。当今世界正经历百年未有之大变局，新一轮科技革命和产业变革深入发展，国际力量对比深刻调整。"

站在"两个一百年"奋斗目标的历史交汇点上，中国将紧紧抓住当前的重要战略机遇期。大变局的本质在于世界秩序的历史演进，其核心议题是世界秩序的演进方向和发展趋势。大变局的根本动力在于科技革命的突破性进展和制度的伟大创新。这样的历史背景下，中国当前比历史上任何时期都更加渴求人才。

二、教育改革大刀阔斧

2021 年 4 月 29 日，第十三届全国人民代表大会常务委员会第二十八次会议通过了对《中华人民共和国教育法》（以下简称"《教育

法》")修改的决定。最新修改的《教育法》自 2021 年 4 月 30 日起施行。

与 2015 年修正版相比,2021 年《中华人民共和国教育法》做了如下修改。

将第三条"国家坚持以马克思列宁主义、毛泽东思想和建设有中国特色社会主义理论为指导,遵循宪法确定的基本原则,发展社会主义的教育事业"修改为"国家坚持中国共产党的领导,坚持以马克思列宁主义、毛泽东思想、邓小平理论、'三个代表'重要思想、科学发展观、习近平新时代中国特色社会主义思想为指导,遵循宪法确定的基本原则,发展社会主义的教育事业"。

将第四条第一款"教育是社会主义现代化建设的基础,国家保障教育事业优先发展"修改为"教育是社会主义现代化建设的基础,对提高人民综合素质、促进人的全面发展、增强中华民族创新创造活力、实现中华民族伟大复兴具有决定性意义,国家保障教育事业优先发展"。

将第五条"培养德、智、体、美等方面全面发展的社会主义建设者和接班人"修改为"培养德智体美劳全面发展的社会主义建设者和接班人"。

将第七条"教育应当继承和弘扬中华民族优秀的历史文化传统,吸收人类文明发展的一切优秀成果"修改为"教育应当继承和弘扬中华优秀传统文化、革命文化、社会主义先进文化,吸收人类文明发展的一切优秀成果"。

从以上部分修改的条文可以看出,教育事业的指导思想可以继承和发展,且更加丰富;明确了教育对提高人民综合素质、促进人的全面发展、增强中华民族创新创造活力、实现中华民族伟大复兴具有决定性意义;将德智体美等方面明确为德智体美劳,明确劳动的价值和意义;除保留继承和弘扬中华优秀传统文化外,将"革命文化、社会主义先进文化"明确为教育应当继承和弘扬的文化,真正实现了吸收人类文明发展的一切优秀成果。教育的站位更高,又更具体,教育对将人培养成什么样、如何培养有决定性作用,有目标,有方法,体现出"高高山顶立,深深海底行"。

在人才需求和人才供给严重失衡、青少年身心健康面临挑战之时,在《教育法》修订后不到 6 个月,《中华人民共和国家庭教育促进法》通过审议,旨在通过家庭教育从小立德树人,把孩子培养成国家真正需要的人才,彰显家庭教育的重要地位和作用。

如何理解《中华人民共和国家庭教育促进法》的立法目的？

2021年6月30日，中宣部、中央文明办、中央纪委机关、中组部、国家监委、教育部、全国妇联印发《关于进一步加强家庭家教家风建设的实施意见》（以下简称"《意见》"）。

《意见》指出，要以习近平新时代中国特色社会主义思想为指导，立足新发展阶段、贯彻新发展理念、构建新发展格局，以培育和践行社会主义核心价值观为根本，以建设文明家庭、实施科学家教、传承优良家风为重点，强化党员和领导干部家风建设，突出少年儿童品德教育关键，推动家庭家教家风建设高质量发展。

《意见》要求，要加强习近平总书记关于注重家庭家教家风建设重要论述的学习宣传，让新时代家庭观成为亿万家庭日用而不觉的道德规范和行为准则。要以社会主义核心价值观引领家庭家教家风建设，升华爱国爱家的家国情怀、建设相亲相爱的家庭关系、弘扬向上向善的家庭美德、体现共建共享的家庭追求。要围绕落实立德树人根本任务开展家庭教育，引导家长用正确行动、正确思想、正确方法培养孩子养成好思想、好品行、好习惯。要把家风建设作为党员和领导干部作风建设重要内容，引导党员和领导干部筑牢反腐倡廉的家庭防线，以纯正家风涵养清朗党风政风社风。

要注重发挥家庭家教家风建设在基层社会治理中的重要作用,吸引群众走出"小"家、融入"大"家,积极参与和谐社区、美丽乡村等建设。

《意见》强调,要强化制度保障,把新时代家庭观的要求体现到法律法规、制度规范和行为准则中,体现到各项经济社会发展和社会管理政策中,彰显公共政策价值导向。要加强组织领导,强化部门有效协同,形成家庭家教家风建设合力,动员广大家庭把个人梦、家庭梦融入国家梦、民族梦之中,为实现中华民族伟大复兴中国梦汇聚磅礴力量。

《家庭教育促进法》第一条即为其立法目的:"为了发扬中华民族重视家庭教育的优良传统,引导全社会注重家庭、家教、家风,增进家庭幸福与社会和谐,培养德智体美劳全面发展的社会主义建设者和接班人,制定本法。"

家庭教育是教育的开端,关乎未成年人的健康成长和家庭的幸福安宁,也关乎国家发展、民族进步、社会稳定。《家庭教育促进法》的制定实施,是大力弘扬中华民族家庭美德的法制体现,也是促进未成年人健康成长和全面发展的法治保障。

中华民族历来注重家庭、家教、家风,古语有云:"天下之本在国,国之本在家。"王阳明在《社学教条》中指出:"古之教者,教以人伦。"古代圣贤的教育,先教大家如何处理人与人的关系。人与人的关系中,最先接触的关系是家庭内部关系,然后逐渐外延,延伸为个人与社会、国家的关系,因此先有孝悌,才能忠信。"不爱其亲而爱他人者,谓之悖德;不敬其亲而敬他人者,谓之悖礼。"人伦教育,始于家风家道。

中华民族具有重视家庭教育的优良传统,留下了包括《颜氏家训》《钱氏家训》《诫子书》《朱子治家格言》等家庭教育文化瑰宝，培养了很多中华民族之脊梁，中华文明绵延五千年而依然灿烂。

在面临文化断层的社会现实，以及世界形势风云际会、价值观多元化的今天，《家庭教育促进法》贯彻落实了习近平总书记关于注重家庭家教家风建设的重要论述，弘扬了中华民族重视家庭教育的优良传统，通过制度设计采取一系列措施，实现家庭教育由以家规、家训、家书为载体的传统模式，向以法治为引领和驱动、以社会主义核心价值观为主要内容、以立德树人为根本任务的新模式迭代升级，将家庭教育由旧时期的传统"家事"上升为新时代的重要"国事"。

《家庭教育促进法》贯彻落实中央关于减轻义务教育阶段学生作业负担和校外培训负担的文件精神，改变家庭只是学生课堂的延伸、家长只是学校老师助理的状况，彰显家庭教育的重要地位和作用，将家庭教育从学校教育的附庸地位中解放出来，真正实现学校教育和家庭教育相互配合。

3

《中华人民共和国家庭教育促进法》是什么时候通过的？什么时候开始实施？

　　法律的公布是指由特定机关将通过的法律向全社会予以公告，法律的施行是指法律开始生效。有的法律在公布的同时即予施行，即自公布之日起就正式施行，发生法律效力。有的法律在公布的同时或者过一段时间起试行或者暂行。有的法律自公布之日起一段时间后再正式施行。

　　之所以出现公布日期与施行日期不一致的情况，主要是因为，很多法律对人们的行为、人们的权利义务具有直接影响，但是法律从公布到全社会较为普遍地知悉肯定存在一定的时间，因此要留出一定的合理时间。公布之日到施行之日的这段时间里，法律所涉及的各级行政机关及其部门、地方立法机关、各级司法机关、有关执法机构要组织学习，以适应新的法律规定；普法部门也要开展新法律的宣传普及工作，要让民众了解法律，只有了解了法律的规定，才能更好地执行法律，所以大部分法律不仅从颁布到实施有一段"缓冲期"，而且在此期间，有关部门还要大力宣传，新闻媒体及时报道，目的是使民众知法而守法。

　　如果法律一颁布就实施，很多人可能由于不知道该法律的存在和法律的具体规定而做出违反该法律规定的行为，致使违法行为在一定时期成为普遍问题，这就和法律维护社会秩序的目的相背离了。

《中华人民共和国家庭教育促进法》于 2021 年 10 月 23 日第十三届全国人民代表大会常务委员会第三十一次会议通过，2022 年 1 月 1 日开始实施。

4

《中华人民共和国家庭教育促进法》为什么不叫《中华人民共和国家庭教育法》？

《中华人民共和国教育法》第五十条规定：

> 未成年人的父母或者其他监护人应当为其未成年子女或者其他被监护人受教育提供必要条件。
>
> 未成年人的父母或者其他监护人应当配合学校及其他教育机构，对其未成年子女或者其他被监护人进行教育。
>
> 学校、教师可以对学生家长提供家庭教育指导。

家庭教育通过立法变为国事，就需要建立一套工作机制进行推动。家庭教育的主要实施主体是家庭，国家不应过度干预，但需要一定的支持举措。《中华人民共和国家庭教育促进法》实质是旨在利用一切可以利用的资源帮助未成年人的父母或者其他监护人正确实施家庭教育，将未成年人培养成社会主义建设者和接班人，促进家庭教育落地的一部法律。

从 2017 年开始，全国妇联提请家庭教育方面的立法，起草的名称为《中华人民共和国家庭教育法》，中华民族具有重视家庭教育的优良传统,家庭教育立法目的应当体现这一优良传统,家庭教育立法主要是为了促进家庭教育,家庭是实施家庭教育的主体,国家社会为家庭提供支持协助。据此,第十三届全国人大常委会第三十次会议将《中华人民共和国家庭教育法》名称修改为《中华人民共和国家庭教育促进法》。

《家庭教育促进法》将育人集中在"立德树人"上,家庭教育的责任落实给未成年人父母或者其他监护人,国家支持、社会协作,国家和社会的责任更加明确。

因此,《家庭教育促进法》是《教育法》中关于家庭教育方面的特殊法,《家庭教育促进法》重在具体落实家庭教育,落实方法是动用一切力量促进家庭教育落地,故法律名称《中华人民共和国家庭教育促进法》既表明了家庭教育的法律地位,又具有明确的指导性。

5

《中华人民共和国家庭教育促进法》与
《中华人民共和国教育法》
是什么关系？

　　《教育法》与《家庭教育促进法》的关系不是母法与子法的关系，两法同属全国人大制定的法律，是一般法与特殊法、旧法与新法的关系，两部法律地位相当，旨在立德育人。《教育法》规定的是关于教育的基本立法，《家庭教育促进法》则是对家庭教育及促进家庭教育的立法。

　　在我国的教育法律体系中，《教育法》是中国教育工作的基本法，是依法治教的一般法。《教育法》第一条明确规定："为了发展教育事业，提高全民族的素质，促进社会主义物质文明和精神文明建设，根据宪法，制定本法。"《教育法》《家庭教育促进法》制定的依据是宪法。《教育法》是教育界的基本法，《教育法》第五条规定："教育必须为社会主义现代化建设服务、为人民服务，必须与生产劳动和社会实践相结合，培养德智体美劳全面发展的社会主义建设者和接班人。"

　　《教育法》第五十条第三款："学校、教师可以对学生家长提供家庭教育指导。"《家庭教育促进法》第三十九条："中小学校、幼儿园应当将家庭教育指导服务纳入工作计划，作为教师业务培训的内容。"这一条是对上述《教育法》条款的响应,教师对学生家长提供家庭教育指导,说明教育者首先是受教育者,他们要先接受家庭教育指导服务的业务培训,具备家庭教育指导服务能力。

故此,两部法律相辅相成,旨在共同规范教育工作,促进家庭教育,从而培养出对社会、国家、人类有贡献的人才。

6

《中华人民共和国家庭教育促进法》与《中华人民共和国未成年人保护法》是什么关系？

《中华人民共和国未成年人保护法》(以下简称"《未成年人保护法》")和《家庭教育促进法》都是国家针对未成年人健康成长的专门法律，保护的对象是一致的，均为未成年人，目的也是一致的，培养社会主义建设者和接班人。《未成年人保护法》站在未成年人作为弱势群体理应受保护的角度，重在保护未成年人的合法权益；《家庭教育促进法》则站在促进未成年人健康成长的角度，以立德树人为根本任务。两部法律承担责任的主体也不同，它们相互支撑、各有侧重、共同作用，是对未成年人实施教育、保护、纠偏的法律武器，在促进未来成年人健康成长方面具有非常重要的指导和强制作用，是全社会应该认真学习、深刻理解、努力实施的法律责任。

一、立法目的及其背后的深意

《未成年人保护法》立法是："为了保护未成年人身心健康，保障未成年人合法权益，促进未成年人德智体美劳全面发展，培养有理想、有道德、有文化、有纪律的社会主义建设者和接班人，培养担当民族复兴大任的时代新人。"

《家庭教育促进法》是："为了发扬中华民族重视家庭教育的优良传统，引导全社会注重家庭、家教、家风，增进家庭幸福与社会和谐，培养德智体美劳全面发展的社会主义建设者和接班人。"

《未成年人保护法》强调保护未成年人身心健康，只有身心健康的人长大才能成为社会主义建设者和接班人，这是一种直接的因果关系，一目了然。

《家庭教育促进法》强调了家庭教育的传承和发扬，从文明传承的角度来说，家庭教育是目的，从培养社会主义建设者和接班人来讲，家庭教育又是一种方法。孩子身心健康的秘密就是家庭教育。因此《家庭教育促进法》比《未成年人保护法》的着眼点看起来更小更具体，然而背后的文化背景更深，涉及人类文明兴衰，立意高远。

二、保障内容不同

《未成年人保护法》第三条规定："国家保障未成年人的生存权、发展权、受保护权、参与权等权利。"

《家庭教育促进法》第三条规定："家庭教育以立德树人为根本任务，培育和践行社会主义核心价值观，弘扬中华民族优秀传统文化、革命文化、社会主义先进文化，促进未成年人健康成长。"

《未成年人保护法》保障弱势群体，是对弱势群体的一种特殊保护；《家庭教育促进法》以培养人才为导向，直奔主题。

三、责任主体不同

《未成年人保护法》第六条规定："保护未成年人，是国家机关、武装力量、政党、人民团体、企业事业单位、社会组织、城乡基层群众性自治组织、未成年人的监护人以及其他成年人的共同责任。"未成年人的监护人和国家机关、企事业单位等具有同等责任。

《家庭教育促进法》第四条规定："未成年人的父母或者其他监护人负责实施家庭教育。国家和社会为家庭教育提供指导、支持和服务。"未成年人的父母或者其他监护人是家庭教育实施的主体,国家和社会承担辅助性责任。

四、《未成年人保护法》与《家庭教育促进法》的相互渗透部分

《未成年人保护法》第十五条规定："未成年人的父母或者其他监护人应当学习家庭教育知识,接受家庭教育指导,创造良好、和睦、文明的家庭环境。"明确涉及家庭教育的核心。

《家庭教育促进法》第五十三条规定："未成年人的父母或者其他监护人在家庭教育过程中对未成年人实施家庭暴力的,依照《中华人民共和国未成年人保护法》《中华人民共和国反家庭暴力法》等法律的规定追究法律责任。"

7

家庭教育的法律定义是什么？

《家庭教育促进法》第二条：

> 本法所称家庭教育，是指父母或者其他监护人为促进未成年人全面健康成长，对其实施的道德品质、身体素质、生活技能、文化修养、行为习惯等方面的培育、引导和影响。

这个定义首先规定了家庭教育的主体责任方是父母或者其他监护人；目的是促进未成年人全面健康成长；教育内容是道德品质、身体素质、生活技能、文化修养、行为习惯等方面；采取的方法是培育、引导和影响。这个定义信息量非常大。

第一，主体明确。家庭教育不只是个人私事，还具有法律责任，就是说不是你想不想教、想怎么教就怎么教，它是一种责任，受法律约束。

第二，养孩子的目的是促进孩子全面健康成长，全面健康包括身体健康和心理健康。但目前一些家庭教育行为不够恰当，需要学习与改进。

第三，家庭教育内容的设置包括道德品质、身体素质、生活技能、文化修养、行为习惯。为什么会设置这些方面的内容？先看一下当代部分初中生暴露出的问题：自主学习能力弱、迷恋网络、身体素质差、没有良好的生活习惯、厌学、自私、没目标、叛逆、攀比、没有感恩心、吸烟、校园暴力、反感老师、没有梦想、抗挫折能力差、打架、偏激、易怒、胆怯等等。为什么会出现这些问题？原来之前没人教过他如何养成良好的生活习惯，如何成为一个健康向上的人，他不知道什么是家国情怀。而这些，正是家长应该教而没有教的，导致的后果是孩子痛苦、家庭痛苦。现在，法律明确了，道德品质、身体素质、生活技能、文化修养、行为习惯就是家长该教、必须教的内容。

家庭教育中应该关注和引导孩子的是"道德品质、身体素质、生活技能、文化修养、行为习惯"，也就是德体美劳，须言传身教，身教大于言传。作为父母或者其他监护人，首先要评估自己的道德品质、身体素质、生活技能、文化修养、行为习惯，哪些会给孩子带来好的影响，哪些会给孩子带来不好的影响。我们要经常反省自己这些方面，有问题的地方及时改正。在言传身教的同时，通过日常的观察，发现孩子的天赋特长，再攻其"智"。

第四，家庭教育的方法是培育、引导和影响。培育、引导和影响其道德品质、身体素质、生活技能、文化修养、行为习惯，对于父母或其他监护人的基本要求是对道德品质、身体素质、生活技能、文化修养、行为习惯有正确认知，方向不能有偏差。培育、引导、影响不是强制、强迫。

8
如何理解"家庭教育以立德树人
为根本任务"?

《家庭教育促进法》第三条规定：

> 家庭教育以立德树人为根本任务，培育和践行社会主义核心价值观，弘扬中华民族优秀传统文化、革命文化、社会主义先进文化，促进未成年人健康成长。

党的教育方针是："坚持教育为社会主义现代化建设服务，为人民服务，把立德树人作为教育的根本任务，全面实施素质教育，培养德智体美劳全面发展的社会主义建设者和接班人，努力办好人民满意的教育。"

党的教育方针把立德树人作为教育的根本任务，家庭教育是教育的重要组成部分，因此和党的教育方针一致，也是把立德树人作为家庭教育的根本任务。

德是一个学生进入社会、适应社会、服务社会、贡献社会的思维方式和行为素养。一个学生能够进入社会、适应社会，首先看德。德体现在一个人的习惯、礼仪、品行、人格、情怀、境界等各个层面。

教育家陶行知说："道德是做人的根本。根本一坏，纵然使你有一些学问和本领，也无甚用处。否则，没有道德的人，学问和本领愈大，就能为非作恶愈大。"立德不是制造，不是强迫，是唤醒，是培育，是呵护，是引导，是影响。

树人的教育思想指出，每一个孩子都有其各自的天赋，父母或其他监护人的责任就是近距离陪伴，发现其天赋，引导其天赋与社会对人才的需求相结合，即为立志。立志是立德树人的交叉点。发现之后，用其所长，学其应学。

立德是唤醒、滋养其本有的善；树人是发现、培育其本有的天赋。立德树人，是学校教育、家庭教育的根本任务。相对而言，家庭教育的责任更大一些，因为孩子不仅是自己的孩子，也是国家的人才储备。孩子德才兼备，家长则后顾无忧，国家则有人才可用，皆大欢喜；孩子无德无才，家长则忧心伤神，国家亦无人才可用，两败俱伤。

9

未成年人的父母或者其他监护人负责实施家庭教育，为什么国家和社会要为家庭教育提供指导、支持和服务？

　　无论国家、社会还是家庭，都担负着为国家培养人才的责任和义务，目前教育中遇到的难题，需要家庭、国家和社会来共同努力面对。《家庭教育促进法》是在"双减"的背景下通过的，承担着十分重要的职责，仅仅把希望寄予家庭中，会面临多方面的阻力。因此，三力合一能够最大限度地落实法律，而不仅仅流于形式。

　　《家庭教育促进法》第四条规定："未成年人的父母或者其他监护人负责实施家庭教育。国家和社会为家庭教育提供指导、支持和服务。"

　　未成年人的学习吸收能力是最强的，生活环境是孩子成长的摇篮。未成年人与父母或者其他监护人生活在一起的时间最多，受其影响最大。因此，家庭教育的实施主体是未成年人的父母或者其他监护人。

　　但是，并不是做了父母或者监护人就能够正确实施道德品质、身体素质、生活技能、文化修养、行为习惯等方面的培育、引导和影响。教育者首先是被教育者，他们需要知道什么样的家庭教育是正确的，怎样做才能立德树人，将孩子培养成德智体美劳全面发展的社会主义建设者和接班人,他们需要资源、需要学习、需要训练、需要帮扶。但靠他们自我探索效率较低,孩子在长大,时间不等人。另外,囿于自身的经历、能力、时间、精力和价值取向,有的家长或监护人会放弃自我探索,即便进行自我探索也存在很大的局限性,很容易跑偏。因此,作为家庭教育的实施主体,他们需要得到家庭教育的方面的专业指导、支持和服务。

优质的家庭教育可以将孩子培养成德智体美劳全面发展的人,他一定能够对国家和社会做出有益的贡献。相反,如果家庭教育失败,孩子长大反而会成为社会和国家的破坏者、背叛者,这样的后果甚至是灾难性的。孩子不仅是家庭的孩子,更是国家和社会的孩子,他们是国家的未来和希望,他们是否健康成长,关系到国家未来的兴衰。因此,帮助家庭教育实施主体提升家庭教育质量,国家和社会责无旁贷。

10

为什么国家工作人员应当带头树立良好家风，履行家庭教育责任？

《家庭教育促进法》第四条第三款规定：

国家工作人员应当带头树立良好家风，履行家庭教育责任。

国家工作人员作为政策的制定者和执行者，对自己应该有更严格的要求。他们的言行举止、日常行为，会对周围的人以及社会大众带来较大的影响。因此，他们的家风，不仅关系自己的家庭，也关系着党风政风和社会风貌。

中华人民共和国成立以来，我们有很多优秀的国家工作人员榜样，比如焦裕禄、谷文昌、杨善洲等，他们不仅为国家、为人民鞠躬尽瘁，同时也严格要求亲属子女，继承和弘扬革命前辈的红色家风。

国家工作人员不仅要完成本职工作，也理应成为社会的道德楷模，认真践行社会主义核心价值观，注重家庭、家教、家风，能够以实际行动带动全社会崇德向善、遵纪守法。

11

如何理解未成年人身心发展规律？

《家庭教育促进法》第五条规定：

家庭教育应当符合以下要求：

（一）尊重未成年人身心发展规律和个体差异；

（二）尊重未成年人人格尊严，保护未成年人隐私权和个人信息，保障未成年人合法权益；

（三）遵循家庭教育特点，贯彻科学的家庭教育理念和方法；

（四）家庭教育、学校教育、社会教育紧密结合、协调一致；

（五）结合实际情况采取灵活多样的措施。

未成年人的身心发展规律包括个体身心发展的顺序性、阶段性、不平衡性、互补性、差异性五个方面。人的个体身心发展的顺序性是一个由低级到高级、由简单到复杂、由量变到质变的过程。具有一定的方向性和先后顺序，既不能逾越，也不会逆向发展。要尊重个体身心发展的顺序性，需要耐心，不能急于求成、揠苗助长，否则非但不能收到应有的教育效果，反而会适得其反。

未成年人心理的发展，有其内部固有的一种本质的必然联系，这是未成年人心理发展的基本规律。朱智贤教授早在 20 世纪 60 年代初就根据国内外儿童青少年心理学的研究成果,把其心理发展的基本规律概括为四个方面:一是先天与后天的关系;二是内因和外因的关系;三是教育与发展的关系;四是年龄特征与个别特点的关系。

0～3 岁:这个时期是孩子安全感形成的关键期。家长的亲自陪伴、情感的滋养及对孩子成长过程中的点滴进行的积极回应都要做到位,要时刻关注孩子的身体反应。

4～6 岁:这个时期是孩子自我意识形成的时期。家长会觉得孩子不像一两岁时那么好带了,情绪起伏较大。家长要了解这是孩子成长的必然过程,要全然接纳孩子的各种状态,帮助孩子建立独立的自我意识。这个时期的家庭教育,不仅靠语言交流,父母还须关注自身的行为习惯,这是孩子童蒙养正的最佳时期。教育先做什么呢?先养正。比如说,贪心过重的孩子对自己所爱好的东西过度贪执,没有被满足则表现为吝啬贪婪、好占便宜、见利忘义。这种习惯一旦形成,积小成大,积欲成恶,可能毁了孩子的一生。当然每个孩子是不一样的,有的孩子从小贪心弱一点,有的孩子强一点,如果调整及时,就能改过来。"三年育德,一生无忧"也是指这个时期。

7～12 岁:孩子的人格已经形成,也相对独立。这个时期孩子的生活有了新内容,家庭教育要尽量和学校教育保持一致。和学校教育不同的是,家长要逐渐培养孩子独立生活的习惯,让孩子参与家中的各种劳动,为家庭付出。在劳动中懂得感恩父母对自己的付出,培养对父母的孝心。另外,这个时期也是孩子规则建立的时期,家长要和孩子一起去建立规则,而不是家长制定规则。

未成年人存在哪些个体差异?

个体差异,是指个体在成长过程中因受遗传与环境的交互影响,使不同个体之间在身心特征上显示出的彼此不同的现象。主要表现在以下三方面。

一、发展水平的差异

能力有高低差异。大致说来,能力在全人口中的表现为正态分布:两头小,中间大。以智力为例,智力的高度发展叫"智力超常"或"天才";智力发展低于一般人的水平叫"智力低下"或"智力落后";中间分成不同的层次。

二、表现早晚的差异

人的能力的充分发挥有早有晚。有些人的能力表现较早,年轻时就显露出卓越的才华,这叫"人才早熟"。这种情况古今中外都有。在音乐、绘画、艺术领域,这种情况尤为常见。另一种情况叫作"大器晚成",这指在较晚的年龄才表现出智力的充分发展。这些人在年轻时并未显示出众的能力,到中年才崭露头角,表现出惊人的才智。这种情况在科学和政治舞台上屡见不鲜。可见,取得重大成就的人,智力并不都是早熟的。

三、结构的差异

能力各种各样,它们可以按不同的方式结合起来,不同结合构成了结构上的差异。例如,有人善于想象,有人善于记忆,有人善于思维等。不同能力的结合,也使人与人之间互相区别开来。例如,在音乐能力方面,有人有高度发达的曲调感和听觉表象能力,而节奏感较差;而另一些人有较好的听觉表象能力和强烈的节奏感,而曲调感差。中国科学院心理研究所原研究员、中国最早对超常儿童进行研究的专家之一查子秀,她比较了超常儿童与常态儿童的认知能力,包括语词类比推理、图形类比推理、数概括类比推理、创造性思维和观察力,结果发现:两者在认知方面差异并不明显,但在解决难度大的问题上思维能力差异较大,如超常儿童在创造性思维和数概括类比推理上表现特别突出。

孩子的成长是有阶段性、规律性和个体差异性的,只有尊重了孩子身心发展的内在规律,尊重每个孩子独特的个性,才能取得良好的教育效果。有些父母或者超越孩子的发展阶段揠苗助长,或者一直把孩子当作长不大的儿童哄着教养,或者总是用"邻居家的孩子"来要求自己的孩子,或者把自己没有实现的梦想强加给孩子,这些都是违背孩子身心发展规律和个体差异性的表现。

13

家庭教育如何尊重未成年人人格尊严?

人格尊严是指公民作为平等的人的资格和权利,应该受到国家的承认和尊重,包括与公民人身存在密切联系的名誉、姓名、肖像等不容侵犯的权利。人格尊严的法律表现是公民的人格权,《中华人民共和国宪法》(以下简称"《宪法》")第三十八条规定:"中华人民共和国公民的人格尊严不受侵犯,禁止用任何方法对公民进行侮辱、诽谤和诬告陷害。"这是中国宪法第一次写入人格尊严不受侵犯的内容,这一规定具体通过《中华人民共和国民法典》(以下简称"《民法典》")《中华人民共和国刑法》(以下简称"《刑法》")等普通法律得以实现。《中华人民共和国未成年人保护法》第四条也规定,尊重未成年人的人格尊严。

从我国宪法和法律的规定来看,人格尊严的基本内容包括以下几方面。

一是公民享有姓名权。公民有权决定、使用和依照法律规定改变自己的姓名,禁止他人干涉、盗用。对公民姓名权的侵犯就是对公民人格尊严的侵犯。

二是公民享有肖像权。肖像权是人的形象的客观记录,是公民人身的派生物。公民享有肖像权,未经本人同意,不得以营利为目的使用公民的肖像。

三是公民享有名誉权。名誉权是公民人格权的重要组成部分，是公民要求社会和他人对自己的人格尊严给予尊重的权利。

四是公民享有荣誉权。荣誉权是指公民对国家社会给予的褒扬享有的不可侵犯的权利，如因对社会的贡献而得到的荣誉称号、奖章、奖金等。

五是公民享有隐私权。隐私是公民个人生活中不想为外界所知的事，他人不得非法探听、传播公民的隐私。

孩子从一出生就具有人格尊严，他们与我们一样，是社会的一员，不能因为他们年龄小而歧视他们，要杜绝对孩子随意敷衍、盲目指责、任意羞辱的粗暴行为，更不能把孩子作为宠物玩耍，随意给他们起绰号，当众披露他们的缺陷。家长要将孩子作为具有独立人格的人来对待，尊重孩子的思想感情、兴趣、爱好、要求和愿望等。

教育家苏霍姆林斯基曾经这样说过："每一个儿童都是带着想好好学习的愿望来上学的，这种愿望就像一颗耀眼的火星照亮着儿童所关切和操心的情感的世界。他以无比信任的心情把这颗火星交给我们做教师的人，这颗火星很容易被尖刻的、粗暴的、不信任的态度所熄灭。"所以，尊重是教育的绝对前提！家庭教育也是一样。

据《北京青年报》报道：2022年1月12日7时50分左右，一名女子在北京地铁7号线上狠狠地掐了孩子的脸，还让孩子当众下跪。车厢里有人劝这位女子，可女子却回怼说："我说我的孩子，我想让他干嘛就得干嘛。"这名女子认为孩子是自己的私有物品并且对其没有一点尊重。面对一个8岁左右的孩子，采取这种粗暴的方式不仅给孩子造成了心理创伤，也给周围人造成了心理不适，这是不合理、不负责的表现。

有的家长总是相信"棍棒教育",认为自己的孩子,想打就打,别人管不着。为此,《未成年人保护法》规定,禁止对未成年人实施家庭暴力,禁止虐待、遗弃未成年人,禁止溺婴和其他残害婴儿的行为,不得歧视女性未成年人或者有残疾的未成年人。父母或者其他监护人应当尊重未成年人的人格尊严,不得对未成年人实施体罚、变相体罚或者其他侮辱人格尊严的行为。

著名儿童心理学家、《婚姻与家庭》杂志首席教育专家、中国家庭教育学会理事、中国家庭文化研究会理事刘勇赫认为,孩子犯的每个错误都是家长曾经的教育漏洞引起的。当发现孩子出现问题时,家长应该首先进行自我反思,然后查找原因并找到合适的引导策略;而不是采取情绪宣泄、盲目定性、严厉惩罚的方式。在公共场合,更应该保护孩子的自尊心,家长尊重与理解孩子,才更能唤醒孩子的自省与自爱。

14

如何理解"家庭教育应当保护
未成年人隐私权"？

　　家庭教育应当保护未成年人隐私权有两层含义：一是父母或者其他监护人不得侵犯未成年人的隐私权；二是父母或者其他监护人保护未成年人不被任何组织或个人侵犯其隐私权。这两者的隐私权范围是不一样的。

　　《家庭教育促进法》关于"保护未成年人隐私权和个人信息"的规定是家庭教育应当符合的要求之一，条款来源于《未成年人保护法》第四条：

　　　　保护未成年人，应当坚持最有利于未成年人的原则。处理涉及未成年人事项，应当符合下列要求：
　　　　（一）给予未成年人特殊、优先保护；
　　　　（二）尊重未成年人人格尊严；
　　　　（三）保护未成年人隐私权和个人信息；
　　　　（四）适应未成年人身心健康发展的规律和特点；
　　　　（五）听取未成年人的意见；
　　　　（六）保护与教育相结合。

《未成年人保护法》对未成年人隐私权的保护有一前置原则，就是有利于未成年人的原则。离开这个原则，很容易产生理解偏差，一味地以保护未成年人隐私权为由，拒绝接受教育、监督，导致很多家庭教育无从开展，并且也涉嫌违反《中华人民共和国预防未成年人犯罪法》（以下简称"《预防未成年人犯罪法》"）。处理涉及未成年人事项，一般是对外保护隐私，在家庭内部，特别是父母或其他监护人，大多时候不属于此范畴。但是家庭教育中对孩子的隐私处理方式，却关系到家庭教育是否成功。

《未成年人保护法》第六十三条规定：

任何组织或者个人不得隐匿、毁弃、非法删除未成年人的信件、日记、电子邮件或者其他网络通讯内容。

除下列情形外，任何组织或者个人不得开拆、查阅未成年人的信件、日记、电子邮件或者其他网络通讯内容：

（一）无民事行为能力未成年人的父母或者其他监护人代未成年人开拆、查阅；

（二）因国家安全或者追查刑事犯罪依法进行检查；

（三）紧急情况下为了保护未成年人本人的人身安全。

这里明确指出了无民事行为能力未成年人的父母或者其他监护人代未成年人开拆阅览信件等内容。但同时，无民事行为能力未成年人的父母或者其他监护人应当保护未成年人不被任何组织或个人侵犯隐私权。

作为监护人，家长有责任教育子女避免不良行为。《预防未成年人犯罪法》第十六条规定："未成年人的父母或者其他监护人对未成年人的预防犯罪教育负有直接责任，应当依法履行监护职责，树立优良家风，培养未成年人良好品行；发现未成年人心理或者行为异常的，应当及时了解情况并进行教育、引导和劝诫，不得拒绝或者怠于履行监护职责。"从家庭教育立德树人的目的来看，只有建立良好的亲子关系，保持顺畅的沟通渠道，在沟通中加以正确的引导才是解决问题的有效途径。家长与孩子沟通失败，不是缺少对孩子的爱，而是缺少尊重。父母或者其他监护人在充分尊重孩子人格与隐私的基础上，平等对话、交流情感，让孩子主动敞开心扉，多和孩子讨论问题，而不是居高临下地批评和指责。这正是目前许多父母需要在家庭教育中注意的问题。

15

未成年人有哪些合法权益?
网络时代如何保护未成年人的
个人信息?

《未成年人保护法》规定,未成年人享有生存权、发展权、受保护权、参与权等权利,国家根据未成年人身心发展特点给予特殊、优先保护,保障未成年人的合法权益不受侵犯。随着社会的发展,网络渗透到方方面面,这也关系到未成年人的健康成长和个人信息保护。

当前,未成年人的触网年龄越来越低,越来越多的未成年人使用网络进行学习和娱乐。根据共青团中央维护青少年权益部、中国互联网络信息中心等部门共同发布的《第五次全国未成年人互联网使用情况研究报告》,报告显示,2022 年我国未成年网民规模已突破 1.93 亿。2018—2022 年,未成年人互联网普及率从 93.7％增长到 97.2％,基本达饱和状态。由此可见,使用互联网是当今未成年人的重要权利和基本技能,许多中小学校都在利用学习类应用软件开展学习。如果完全拒绝互联网,毫无疑问将严重影响未成年人的发展权。但是,网络信息内容良莠不齐,网络暴力、网络违法和不良信息仍然存在,一些网站和应用软件非法收集、滥用、买卖未成年人个人信息的事件频频发生,严重威胁未成年人,特别是 14 岁以下儿童的身心健康和安全。这已经成为一个严重的社会性问题。《儿童个人信息网络保护规定》（以下简称"《规定》"）是我国第一部专门针对儿童个人信息网络保护的立法，具有里程碑意义。对中华人民共和国境内通过网络收集、存储、使用、转移、披露不满 14 周岁的儿童个人信息进行规范。《规定》进一步充实了我国儿童个人信息网络保护的法律依据，标志着我国儿童个人信息保护工作正式进入轨道。《规定》特别明确，儿童监护人应当正确履行监护职责，教育引导儿童增强个人信息保护意识和能力，维护儿童个人信息安全。与成年人相比，儿童心智发育尚不完全，在通过网络参与的活动中极易泄露个人信息，而且儿童对于自己的行为性质和行为后果均缺乏必要的判断和识别能力。个人信息关系到其切实利益和健康成长，因此相关保护工作尤为重要，需要予以特别保护。为此，父母应当主动学习网络安全知识，增强网络安全意识，具备基本的网络保护能力，这样才能更好地保护好自己的孩子，成为网络信息时代的合格父母。

另外，父母或者其他监护人也容易在网络中泄露未成年人的信息。因此，父母或其他监护人在发布朋友圈、微博时，尽量不要展示包含孩子太多信息的照片、证书、行程、动态，不给不轨之人可乘之机。必要时把孩子的姓名、学校、年级班级、小区等信息涂抹掉。发朋友圈时不要显示地址信息，可以设置仅限亲戚、同学、朋友等特定人群可见，或者有关人员不可见等。

16

家庭教育有什么特点？

　　家庭教育较之学校教育、社会教育具有更突出的奠基性和定向性作用。家风、家境、家俗，特别是家长的教育观念、教育内容、教育方法关系到孩子一生的健康成长和幸福快乐。孩子教育的起点和基点在家庭，只有把握好这一人生的关键环节才能开创更加美好的未来。家庭环境是孩子成长的首要环境，具有重要的教育功能，如认知功能、参照功能、熏陶功能、强化功能、筛选功能以及监督功能等。孩子们从牙牙学语起就开始接受家庭教育，有什么样的家庭教育，就有什么样的人。家庭教育涉及很多方面，但最重要的是品德教育，是如何做人的教育。家庭教育具有如下特点。

一、启蒙性

　　家庭教育最突出的特点表现在它的启蒙性。孩子所养成的性格习惯与家庭是息息相关的，家庭环境的好坏甚至会影响孩子的一生。家庭教育在孩子的身心发展上起到定式作用，孩子是从家庭里最先树立自身模糊的世界观与价值观。在接受新的价值观时，也总是与自己已经形成的观念做比较而选择性地接收、对照，从而建立新的价值理念，可以形象地将家庭教育比作思想的"过滤器"。

二、感染性

家庭教育在情感上最多地体现其感染性。一个人的喜怒哀乐，也会传递给身边的人，并与其产生共鸣。教育作为一种特殊的文化，也对人产生潜移默化的影响。家长的兴趣习惯，常常影响子女的行为举止，所以，在教育子女时，父母更是模范和表率。

三、权威性

家庭环境教育对孩子的影响比学校教育、社会教育更为重要。对孩子而言，父母是长辈，孩子对父母带着尊敬和依赖。除了贴心照顾孩子外，父母还承担着一些社会责任，包括凭借自身工作被大众承认，使得孩子对父母怀有崇拜之情。

四、专一性

相对于社会教育与学校教育而言，家庭教育更具有专一性。孩子从出生到成长，同父母接触的机会最多，相处的时间也最长，因此只有父母能够全方位地"读懂"自己的孩子。将心比心，孩子因为信任父母，在父母面前更能毫无保留地表达个性，这也能帮助家长全面地了解孩子。

五、终身性

在孩子的成长过程中，处处有家庭教育保驾护航。即使在孩子长大后，家庭教育依然发挥着作用。家庭教育的终身性，可以帮助家长持续地观察孩子，适时地进行教育，长此以往，有助于培养孩子良好的品德习惯。

17

家庭教育应秉持什么样的科学理念?

家庭是孩子成长的摇篮,孩子身体的发育、知识的增长、智能的培养,尤其是品德的陶冶、良好行为习惯和个性的形成等,都在家庭中获得熏陶与启迪。一个孩子从出生到步入社会前,绝大部分时间是在家庭中度过的,走向社会后也离不开家庭的影响,家庭对孩子的影响是终身的。因此,家庭教育应该秉承立德树人这一理念,将孩子培养成德智美体劳全面发展的社会主义建设者和接班人。根据这一理念,家庭教育为孩子人生奠基的核心内容应包括以下几点。

树三观,树立思想基础:帮助孩子树立正确的世界观、人生观、价值观。

立三德,奠定道德基础:努力使孩子明大德、守公德、严私德。

弘三创,打牢动力基础:培育孩子的创新、创业、创优品质。

强三力,铸就能力基础:提高孩子的学习力、研究力、实践力。

增三度,夯实身心基础:提高孩子身心的强度、敏度、韧度。

18

如何判断家庭教育方法是否科学？

父母或者其他监护人是未成年人的思想道德的"导师"。家庭，对于孩子的成长具有奠基性的作用，是学校教育和社会教育不可取代的。在家庭中，父母对子女在思想道德品质上的影响，要远远大于其他人，孩子年龄越小，这种特点越明显。因此，注重家庭、家教、家风建设的家庭教育方法是科学的，不注重家庭、家教、家风建设的教育方法和理念是不可取的。

19
家庭教育、学校教育紧密结合的
主要途径是什么?

苏霍姆林斯基说:"教育的效果取决于学校和家庭的教育影响的一致性。如果没有这种一致性,那么学校的教学和教育过程就会像纸做的房子一样倒塌下来。"

学校应向家长传播这样的理念:共享生命成长、陪伴孩子、悦纳孩子、重在参与,不参加孩子的活动,就不能共享孩子的成长,就不能真正地了解孩子、走进孩子的内心。因此,家长应该积极参加学校举办的各种活动,通过交流共享生命成长的快乐。

教育最根本的目的是立德树人。家庭教育与学校教育应当各尽其职,相辅相成,促进孩子健康快乐地学习和成长。

学校教育和家庭教育对学生的成长存在直接影响,在新课改的基础上,对学生的教学由学校逐步走向家庭,这对家庭教育提出了更高的要求,再加上现阶段我国农村家长多忙于务工赚钱,许多孩子与爷爷奶奶一起生活,极易导致过分溺爱、人格缺失、缺少关爱等问题,因此需要采取有效途径和策略,全面落实家校合作教育,通过学校和家长的合作,进一步提升学生学习和生活水平,促进学生全面发展。

一、强化沟通

首先，家访。为了充分了解学生的兴趣爱好、家庭情况和个性特征，教师需定期开展家访，以此确定家长文化素养对学生的影响。同时，需要积极转变家访理念，针对学生问题，教师和家长须从各自角度寻找问题成因，重视保护学生自尊心，引导学生积极向上、全面发展。

其次，电访。通过电访的方式，教师可以及时将学生在学校的情况反馈给家长，双方可以交换意见，尤其是针对一些父母双方不在身边的学生，家长和教师可以实时了解学生的问题和进步，及时调整教育方法。

最后，书访。教师联系不到家长时，可以采用书信或便条的方式与家长进行沟通，尽量做到在不影响学生家庭生活的前提下，与家长共同合作解决学生实际学习问题。

二、强化培训

首先，开展"家长学校"活动。为了引导家长理解、掌握正确教育孩子的方法，需积极组织开展"家长学校"活动，帮助学校完成教育内容，为家长讲解家庭教育的必要性、方法和原则，指导家长重视培养学生良好生活行为习惯，正确看待学生成绩；同时教师需教育学生合理利用空闲时间进行自我素养提高，引导学生在家庭活动中健康快乐地成长。

其次，举办家庭教育活动。除了开展上述"家长学校"活动外，还需组织家长共同探讨教育中存在的问题以及分享教育经验，以便于及时发现、解决自身育儿教育中的缺陷。比如，学校可以定期邀请经验丰富的教师或专家为家长开展宣教讲座,告知家长如何正确培养孩子良好道德品质、树立孩子自信、启发孩子潜能等。

三、增加互动

首先,举办家长会。确定家长会内容,详细讲解一些家长关心的问题,以便于家长准确掌握孩子学习问题。家长会上尽量让学生与家长同桌,以便于双方进行交流和家庭教育,针对部分难懂内容,学生可以为家长进行解释,加强学校与家庭间的互动。

其次,构建家长开放日。学校每周邀请1~2名家长进入课堂与学生一起听课,了解学校教学情况与孩子学习现状;邀请家长填写"学生家庭表现反馈表",以便于学校和教师及时了解学生家庭表现动态。学校还可邀请家长参与学生活动,比如趣味英语、羽毛球、踢毽子等,让家长了解孩子特色、特长。

最后,构建家长委员会。通过这种方法可以引导家长保持正确的心态开展家庭教育,所有家长均是委员会成员,公平推选出家长代表,由家长代表与学校沟通,讨论家校合作教育的各项内容。

四、丰富联系渠道和方式

在信息技术快速发展的时代背景下,家校合作教育的渠道和方式应该与时俱进。除了采用会议形式开展家校合作教育外,还可以丰富其形式,例如可以构建家校合作教育网站、设置有关网页,其中包括家校合作教育的要求、方法、成功的家庭教育案例等,以便于家长和教师学习、分享;也可以设计家校互动论坛,比如素质教育论坛、品德教育论坛、学习方法指导论坛等,促使家长和教师针对学生学习问题进行深入探讨和分析;还可以通过网络构建

QQ群、微信群、钉钉群等，教师和家长可以在其中畅所欲言，共同讨论学生成长中存在的各种问题，以此高效融合家庭教育和学校教育，从而对孩子健康成长起到积极促进作用。

学校教育与家庭教育是促进学生健康成长的两股重要力量，两者缺一不可。为了及时发现、分析和解决学生在学校和家庭中的成长与学习问题，有效提高家庭教育和学校教育水平，需要有机结合家庭教育和学校教育，两者相互取长补短，以此充分发挥家校合作教育的积极作用，保证学生身心健康，以便于学校、教师和家长实时了解学生状况，促进学生综合能力的培养。

20

家庭教育和社会教育协调
一致如何落地？

苏霍姆林斯基曾经讲过这样一段话："教学大纲和教科书规定了给予学生的各种知识，但没有规定给予学生的最重要的一样东西，这就是幸福。我们的教育信念应该是：培养真正的人！让每一个从自己手里培养出来的人都能幸福地度过自己的一生。"教育已进入分流时代，学生之间的差距将越拉越大，形成这种差距的最根本原因，不是分数的高下而是德行的高低。谁能够落实立德树人，谁将赢得未来！在"双减"政策下，孩子在家时间比以前多，家长在家的时间却没有相应增多，社区可创办社区德育中心接管孩子们在放学后家长下班前这段时间的立德树人教育，采取多种途径与学校、家庭共同完成育人这一国家宏愿。

1. 社区里的德育工作常常是在氛围熏陶、耳濡目染、潜移默化的情景下进行的，宜采用大量非灌输式德育方法，采用直接与间接的行政与民间的多种手段，运用社区的德育资源，营造团结和睦、积极向上的社区环境。

2. 社区的环境卫生、建筑风格以及公益广告、文明公约、法制宣传活动等都可能对青少年产生特定的德育影响，简洁直观的设计风格有利于培养青少年良好的德行和行为习惯。社区开展的德育活动,不仅具有发展个体品德的功能,而且具有社会性的功能,增强青少年自学自理、自护自强自律的能力,提高道德素质。

3. 充分发挥社区的道德教育资源。一些大型社区通常都配备有较好的硬件资源,如青少年教育活动室、青少年宫、社区图书馆、德育基地等,利用这些设施可以丰富青少年教育活动的内容,拓宽青少年社区教育领域。社区里往往有一批素质较高、具备丰富知识和教学经验的离退休教师、党员干部等,社区可以发动这些人员作为社区志愿者,担负起青少年德育活动的辅导工作,开展多种形式的有益活动。

21

家庭教育为什么不能一刀切，
而应结合实际情况采取
灵活多样的措施？

　　家庭教育应当符合《家庭教育促进法》第五条规定的五项要求，其中第五项就是："结合实际情况采取灵活多样的措施。"采取灵活多样的措施是家庭教育的重点，也是难点。

　　孩子处于成长起步阶段，性格养成是非常重要的。智慧的父母懂得尊重孩子，慢慢引导孩子，这就需要结合实际情况采取灵活多样的措施。而许多不明白教育原理的父母通常都忽视了孩子的内心诉求，急于让他们变成自己想要的样子，故采用一刀切的思维模式。

　　为了教礼貌逼孩子见面打招呼，做错事逼孩子道歉，别人来道歉逼孩子说"没关系"，为了让孩子大方逼孩子分享，为了培养勇敢逼孩子当众表演等，这些都是一刀切的思维模式。

　　比如逼孩子打招呼只是让孩子学会了问好、告别的话语，并不等于孩子学会了什么是有礼貌，父母要因势利导让孩子发自内心地友善。有时候孩子做错了事情反而发脾气，不是因为孩子不知错，可能是孩子太害怕了，如果不给他一个认错的机会、一点时间，让他鼓起勇气面对错误，就劈头盖脸批判孩子，反而可能激怒孩子,并掩盖和转移他原本的内疚和歉意。"对不起"后面,不一定是"没关系",教会孩子嘴里说没关系,心里还有气,那说对不起有什么意义?采取措施让孩子内心没有闷气才是真的没关系。引导孩子分享是有必要的,但一定要知道,分享是发自内心欢喜,而不是"牺牲感"和"讨好"。勇敢是强求不来的,它是克服困难之后的掌控感,家长的否定、对比、批判,都只会让孩子更没勇气,不是一个当众表演就能解决的。

父母或者其他监护人本身成长的家庭背景、生活经历都不同,他们对家庭教育的理解也不同。"自身的成长是解决一切问题的根本。"父母或者其他监护人唯有通过努力学习来提高家庭教育的水平。孩子发生任何问题都是非常好的教育时机,采取灵活的措施去启发孩子解决自身的问题,并通过解决问题这个过程让孩子受益一生。

"各级人民政府指导家庭教育工作"
中的"各级政府"指哪些
层级的政府?

《家庭教育促进法》第六条第一款规定:

 各级人民政府指导家庭教育工作,建立健全家庭学校社会协同育人机制。县级以上人民政府负责妇女儿童工作的机构,组织、协调、指导、督促有关部门做好家庭教育工作。

法律的总则具有统领和指导其他各章的作用。本条作为《家庭教育促进法》总则第六条,主要是与第三章相衔接,该法第三章对各级人民政府在家庭教育工作中的职能做了具体的分项规定。这里涉及的各级人民政府包括国务院、省级人民政府、设区的市级人民政府、县级人民政府、乡级人民政府。各级政府指导家庭教育工作,具体法律条款如下。

 第二十四条　国务院应当组织有关部门制定、修订并及时颁布全国家庭教育指导大纲。

 省级人民政府或者有条件的设区的市级人民政府应当组

织有关部门编写或者采用适合当地实际的家庭教育指导读本,制定相应的家庭教育指导服务工作规范和评估规范。

第二十五条　省级以上人民政府应当组织有关部门统筹建设家庭教育信息化共享服务平台,开设公益性网上家长学校和网络课程,开通服务热线,提供线上家庭教育指导服务。

第二十六条　县级以上地方人民政府应当加强监督管理,减轻义务教育阶段学生作业负担和校外培训负担,畅通学校家庭沟通渠道,推进学校教育和家庭教育相互配合。

第二十七条　县级以上地方人民政府及有关部门组织建立家庭教育指导服务专业队伍,加强对专业人员的培养,鼓励社会工作者、志愿者参与家庭教育指导服务工作。

第二十八条　县级以上地方人民政府可以结合当地实际情况和需要,通过多种途径和方式确定家庭教育指导机构。

第三十条　设区的市、县、乡级人民政府应当结合当地实际采取措施,对留守未成年人和困境未成年人家庭建档立卡,提供生活帮扶、创业就业支持等关爱服务,为留守未成年人和困境未成年人的父母或者其他监护人实施家庭教育创造条件。

第三十六条　县级以上地方人民政府及有关部门可以采取政府补贴、奖励激励、购买服务等扶持措施,培育家庭教育服务机构。

从法律条款看,各级人民政府指导家庭教育工作的责任非常明确,因此,家庭教育指导工作容易落地和考核。

23

教育行政部门、妇女联合会在
家庭教育促进工作中的职责是什么?

《家庭教育促进法》第六条第二款规定:

> 教育行政部门、妇女联合会统筹协调社会资源,协同推进覆盖城乡的家庭教育指导服务体系建设,并按照职责分工承担家庭教育工作的日常事务。

上述条款从法律上赋予了教育行政部门和妇女联合会共同作为法律执行过程中主要责任主体的地位,从不同角度规定了做好家庭教育促进工作的法定责任。

一、教育行政部门、妇女联合会在《家庭教育促进法》执行中的主体地位

未成年人大部分时间都在幼儿园、中小学度过,未成年人在校阶段是其塑造人格、确立志向的阶段,这个阶段对未成年人的影响非常大。家校共育也是实施家庭教育指导可行的方法,由此确定了教育行政部门的法律实施主要责任主体地位。

推动摇篮的手,就是推动世界的手。一个母亲的三观,实实在

在熏染着她的家庭及子女。每一位成就卓著的人身后,几乎都有一位伟大的母亲。孟母三迁、陶母退鱼、欧母画荻、岳母刺字,古代四大贤母的故事,如今读来,仍令人感动不已。母亲的爱,影响孩子一生的幸福;母亲的教育,影响孩子一生的成就。作为孩子一生中最重要的人之一,母亲的三观对子女的三观有重要、深远的影响。这也确定了作为妇女组织的妇女联合会在法律实施过程中的主要责任及其主体地位。

二、家庭教育指导服务体系建设

建设覆盖城乡的家庭教育指导服务体系,是人民群众和广大家庭的热切期盼,也是《家庭教育促进法》赋予教育行政部门和妇女联合会的重要任务。

覆盖城乡的家庭教育指导服务体系建设,要以阵地平台建设、组织队伍建设、协调机制建设、指导服务内容建设、监管机制建设为重点,全面构建职责清晰、任务明确的家庭教育指导服务组织体系(包括组织机构、工作职责、运行机制、协同机制等),覆盖全面、内容丰富的家庭教育指导服务供给体系(包括服务站点、建档立卡、服务措施、志愿服务、产品发放、信息送达、培训座谈、咨询辅导、强制教育等),理念先进、方法科学的家庭教育指导服务内容体系(包括有关道德品质、身体素质、生活技能、文化修养、行为习惯等方面的家国情怀、家庭伦理、生命安全、健全人格、性别平等、婚恋观念、劳动素养、生活技能、社会融合、危机应对、法治常识、资源管理、家庭沟通等),导向正确、注重效果的家庭教育指导服务监管体系(包括准入制度、评价规范、奖惩制度、责任追究制度等),重点投入、精准有力的家庭教育指导服务保障体系(包括制度保障、经费保障、人员保障、场地保障、智力保障、时间保障等）。

三、教育行政部门按照职责分工承担家庭教育工作的日常事务

1. 加强家校共育，做好留守未成年人和困境未成年人群体的家庭教育服务。

《家庭教育促进法》第三十条第二款规定："教育行政部门、妇女联合会应当采取有针对性的措施，为留守未成年人和困境未成年人的父母或者其他监护人实施家庭教育提供服务，引导其积极关注未成年人身心健康状况、加强亲情关爱。"

2. 指导中小学、幼儿园开展公益性家庭教育指导服务。

《家庭教育促进法》第四十二条规定："具备条件的中小学校、幼儿园应当在教育行政部门的指导下，为家庭教育指导服务站点开展公益性家庭教育指导服务活动提供支持。"

四、妇女联合会按照职责分工承担的家庭教育工作的日常事务

1. 帮扶留守未成年人和困境未成年人的母亲解决实际生活困难，提供家庭教育服务，引导其积极关注未成年人身心健康状况、加强亲情关爱。

2. 发挥妇女在家庭建设和家风建设中的独特作用，开展家庭教育实践活动。

《家庭教育促进法》第三十五条规定："妇女联合会发挥妇女在弘扬中华民族家庭美德、树立良好家风等方面的独特作用，宣传普及家庭教育知识，通过家庭教育指导机构、社区家长学校、文明家庭建设等多种渠道组织开展家庭教育实践活动，提供家庭教育指导服务。"

3. 家庭教育监督工作。

《家庭教育促进法》第四十八条规定："未成年人住所地的居民委员会、村民委员会、妇女联合会，未成年人的父母或者其他监护人所在单位，以及中小学校、幼儿园等有关密切接触未成年人的单位，发现父母或者其他监护人拒绝、怠于履行家庭教育责任，或者非法阻碍其他监护人实施家庭教育的，应当予以批评教育、劝诫制止，必要时督促其接受家庭教育指导。"

24

为什么需要多部门在各自的
职责范围内做好家庭教育工作？

《家庭教育促进法》第六条第三款规定：

> 县级以上精神文明建设部门和县级以上人民政府公安、
> 民政、司法行政、人力资源和社会保障、文化和旅游、卫生健
> 康、市场监督管理、广播电视、体育、新闻出版、网信等有关部
> 门在各自的职责范围内做好家庭教育工作。

家庭教育通过立法从"家事"变为"国事"，就需要建立一套工作
机制进行推动。虽然家庭教育执行的法律主体是教育主管部门和
妇女联合会，但是未成年人的成长环境包括社会大环境、学校环境
和家庭小环境，与社会环境建设有关的精神文明建设部门和公安、
民政等有关部门均应在各自职责范围内做好家庭教育工作，司法机
关、群团组织、基层群众自治组织结合自身工作，支持家庭教育工
作。这是与《家庭教育促进法》第四条第二款"国家和社会为家庭教
育提供指导、支持和服务"相呼应。《家庭教育促进法》总则第八条、
第九条，以及第三章国家支持、第四章社会协同、第五章法律责任中均
因此总则而细化，是对法律第六条第一款"各级人民政府指导家庭教
育工作，建立健全家庭学校社会协同育人机制"这一规定的落实。

25

家庭教育工作专项规划的编制要求和编制原则是什么？

《家庭教育促进法》第七条规定：

> 县级以上人民政府应当制定家庭教育工作专项规划，将家庭教育指导服务纳入城乡公共服务体系和政府购买服务目录，将相关经费列入财政预算，鼓励和支持以政府购买服务的方式提供家庭教育指导。

根据上述法律条文，家庭教育工作专项规划由国家层面、省级层面和设区的市级层面制定。家庭教育工作专项规划属于公共服务类，根据规划期内本级财政可能提供资金的数量，确定完成的目标和任务，明确资金使用方向、重点和要达到的目的，并规定各相关职能部门的任务及完成的时间要求，提出除财政资金以外增加投入的方式、渠道，测算规划期内能够筹集资金的数量、使用方向和绩效。编制家庭教育专项规划的要求如下。

一、编制专项规划的总体要求

专项规划的编制要从管理权限和总体要求出发，规划内容要体现家庭教育工作领域的特点,发展目标尽可能量化,做到任务明确、重点突出、布局合理、保障措施可行,规划期可以根据家庭教育领域的特点和任务确定,不必局限于五年。

二、专项规划编制的总体原则

（一）符合规划期内国民经济和社会发展纲要的总要求

国民经济和社会发展纲要是规划期内建设的总体战略部署,是制定其他各类规划的重要依据。家庭教育工作专项规划是对本地区发展战略、发展目标、发展重点和发展任务的具体落实,不能与纲要相违背。

（二）体现各地政府及部门承担的职责

（三）反映家庭教育独特规律

规划家庭教育工作应该是既有共性,又有个性的。因此在进行规划原则描述时,应该尽力揭示家庭教育发展的独特规律。

（四）综合各方意见

在制定家庭教育工作规划时必须具有高度综合性,就是要考虑经济社会各方面的因素,吸取各方专家的参与,听取社会各方的意见,考虑实际情况。

（五）合理设计措施

1. 具体的项目安排。

2. 设计一些具体的政策取代原有的政策。无论哪一种措施,都要有利于规划目标的实现,并能与规划方案起到配合与辅助的作用。

3. 专项规划的基本框架主要分成三大部分：分析部分、规划部分和结论与措施部分。

（1）分析部分：

其包括现状分析、发展预测分析两方面。

（2）规划部分：

a. 发展目标。专项规划必须通过一定的数量指标来表达到规划期末所研究对象应该达到的高度。这样的目标既有定量描述，也有定性描述；既不能制定不切实际的高指标，又不能制定没有冲劲的低指标。制定发展目标要既有压力又有激励。

b. 规划重点。规划重点是实现规划目标的关键部分和主要支撑。规划重点的确定主要根据专项规划的目标以及目前存在的薄弱环节而定。

c. 方案设计。首先明确规划的指导思想，就是规划的主线，这条主线是进行规划的依据，而且贯穿于规划设计的始终。在制定规划时还需明确规划的时限，对规划目标进行分解，制定符合经济社会发展变化的阶段性目标。

（3）结论与措施部分：

a. 措施内容要具体。要明确执行主体，明确执行方法和手段，明确执行时间和具体的范围，明确所针对的群体等。

b. 政策措施要量力而行，符合实际。

c. 具体政策措施的实施目标要明确，不能含糊。

d. 规划编制程序。

26

为什么要将家庭教育指导服务
纳入城乡公共服务体系?

一、公共服务体系

公共服务体系主要是指以政府为主导、以社会团体和私人机构等为补充的供给主体,为公民及其组织提供基本而有保障的公共服务为主要目的而研究建立的一系列有关服务内容、服务形式、服务机制、服务政策等的制度安排,最主要表现为政府主导、社会参与与体制创新。公共服务体系的完善建立对于社会和谐、稳定,对于企业的健康发展、国际竞争力的增强,对于节约社会资源、提高服务效率等都具有非常重要的意义。公共服务体系包括教育体系、公共卫生体系、公共文化服务体系、社会福利体系等。政府转型是构建基本公共服务体系的制度基础。

政府转型的基本趋势是公共服务职能不断发展并成为重要职能。公共服务职能的强化将大大推动基本公共服务体系的构建。

首先,政府职能转型的核心是强化社会管理和公共服务。对于服务型政府来说,全面履行政府职能,必须在抓好经济调节和市场监管的同时,注重社会管理和公共服务。这就要求政府必须成为基本公共服务的供给主体,在教育、医疗、社会保障、就业和住房保障等领域建立惠及全民的基本公共服务体系。

其次,政府转型的首要任务是解决当前基本公共服务的供需矛盾。我国改革开放40多年来,人民群众对基本公共服务需求的增长正在呈现逐步加速的趋势。人民群众全面快速增长的基本公共服务需求与基本公共服务总体供给不足、质量低下、供给不均等之间的矛盾日益凸显。这就要求各级政府必须推进公共服务体系改革,加快建设基本公共服务体系,改革公共服务方式,完善公共服务网络,保障公共服务供给。

二、家庭教育服务应纳入公共服务体系

从《家庭教育促进法》前三条法律条文,就能明确判断家庭教育服务应纳入公共服务体系。

第一条 为了发扬中华民族重视家庭教育的优良传统,引导全社会注重家庭、家教、家风,增进家庭幸福与社会和谐,培养德智体美劳全面发展的社会主义建设者和接班人,制定本法。

第二条 本法所称家庭教育,是指父母或者其他监护人为促进未成年人全面健康成长,对其实施的道德品质、身体素质、生活技能、文化修养、行为习惯等方面的培育、引导和影响。

第三条 家庭教育以立德树人为根本任务,培育和践行社会主义核心价值观,弘扬中华民族优秀传统文化、革命文化、社会主义先进文化,促进未成年人健康成长。

从目前我国家庭教育情况来看,很多家长不是一味地宠溺孩

子,就是一味地要求孩子读书、进步,给孩子加压,自己却不求上进,不会主动成为陪伴孩子一起成长的参与者。父母作为孩子的第一任老师,他们的言行潜移默化地影响着孩子。正如教育家苏霍姆林斯基所说,家庭教育好比植物的根苗,根苗茁壮才能枝繁叶茂,开花结果。良好的教育是建立在良好的家庭道德基础上的。

如何让千千万万的父母成为智慧的父母,引领好孩子,真正为孩子上好人生第一课?《家庭教育促进法》明确将家庭教育纳入公共服务体系和政府购买服务目录,让父母也接受科学系统的教育,不断地提高父母的教育修养水平,让他们在教育孩子的同时,也在进行自我教育。政府部门将发挥引领作用,落实立德树人,形成家庭为主、政府引领、各方携手的家庭教育新格局。今后随着家庭教育工作的逐步展开,将会有更多智慧父母的出现和智慧家庭的崛起。

家庭教育服务属于教育体系
还是公共文化服务体系？

　　家庭教育服务属于公共文化服务体系，我们首先比较一下教育体系和公共文化服务体系。

一、教育体系

　　教育体系是指互相联系的各种教育机构的整体或教育大系统中的各种教育要素的有序组合。

　　从大教育观的角度来分，教育体系有狭义和广义之分。狭义的教育体系，是指各级各类教育构成的学制，或称教育结构体系。广义的教育体系，除教育结构体系外，还包括人才预测体系、教育管理体系、师资培训体系、课程教材体系、教育科研体系、经费筹措体系等。这些体系相对于教育结构体系，统称为服务体系。

二、公共文化服务体系

　　公共文化服务体系是面向大众的公益性的文化服务体系。主要包括先进文化理论研究服务体系、文艺精品创作服务体系、文化知识传授服务体系、文化传播服务体系、文化娱乐服务体系、文化传承服务体系、农村文化服务体系七个方面。先进文化理论研究服务体系在公共文化服务体系中具有引导性意义。建设公共文化服务体系，对于建设和谐文化、构建社会主义和谐社会具有重要意义。

《中共中央关于构建社会主义和谐社会若干重大问题的决定》提出："加强公益性文化设施建设，鼓励社会力量捐助和兴办公益性文化事业，加快建立覆盖全社会的公共文化服务体系。"

公共文化服务体系的建设主要包括两个方面：第一，建设公共文化服务网络。以大型公共文化设施为骨干，以社区和乡镇基层文化设施为基础，加强图书馆、博物馆、文化馆、美术馆、电台、电视台等公共文化基础设施建设。建设一批代表国家文化形象的重点文化设施，完善大中城市公共文化设施，在巩固现有图书馆、文化馆的基础上，基本实现乡镇有综合文化站，行政村有文化活动室，在中西部及其他地广人稀地区配备流动文化服务车。第二，建设公共文化服务的各项工程。一是广播电视村村通工程，二是全国文化信息资源共享工程，三是社区和乡镇综合文化站工程。

三、家庭教育服务属于公共文化服务体系

发扬中华民族重视家庭教育的优良传统，引导全社会注重家庭、家教、家风，这本身是一种家庭文化。因此，家庭教育应纳入公共文化服务体系。

家庭教育指导经费从哪里来?

《家庭教育促进法》第七条规定:

县级以上人民政府应当制定家庭教育工作专项规划,将家庭教育指导服务纳入城乡公共服务体系和政府购买服务目录,将相关经费列入财政预算,鼓励和支持以政府购买服务的方式提供家庭教育指导。

从上述法律条文可以看出,家庭教育指导经费纳入政府财政预算,家庭教育指导服务纳入政府购买服务目录,以政府购买服务的方式提供家庭教育指导。

如今法律保障了经费来源,有了公共财政的支持,各级政府逐步建立起家庭教育工作协调领导机制,采取一系列措施,健全机制,加强保障,将人、财、物的配置纳入制度安排,真正把政府对家庭教育工作的主导落到实处。家庭教育将会迎来一个完全不同的新局面,未成年人的素质也将会得到很大的提升,这也是落实素质教育重要而又关键的举措。

人民法院、人民检察院如何配合做好家庭教育工作？

《家庭教育促进法》第八条规定：

> 人民法院、人民检察院发挥职能作用，配合同级人民政府及其有关部门建立家庭教育工作联动机制，共同做好家庭教育工作。

家庭教育很难强制执行，特别是针对离婚、未成年人犯罪这两种情况，单靠某一部门力量很难贯彻落实家庭教育指导工作。离婚家庭中未成年人的家庭教育面临困境，而未成年人犯罪这种情况本来就是家庭教育失败的一种体现。针对这些特殊群体，只依靠妇联或者教育主管部门很难实施家庭教育指导服务，必要时须采取强制手段。因此人民法院、人民检察院发挥职能作用，配合同级人民政府及其有关部门建立家庭教育工作联动机制，共同做好家庭教育工作。建立家庭教育工作联动机制是基于对家庭教育指导执行难问题提出的一项战略举措。通过联动机制，将消极、被动、单一的协助执行机制转变为积极、主动、多元的各部门协作联动的执行模式，强制执行与联动威慑并举。

这一法律条款依然是在总则中，是为《家庭教育促进法》第三十四条和第四十九条做支撑。第三十四条规定："人民法院在审理离婚案件时，应当对有未成年子女的夫妻双方提供家庭教育指导。"第四十九条规定："公安机关、人民检察院、人民法院在办理案件过程中，发现未成年人存在严重不良行为或者实施犯罪行为，或者未成年人的父母或者其他监护人不正确实施家庭教育侵害未成年人合法权益的，根据情况对父母或者其他监护人予以训诫，并可以责令其接受家庭教育指导。"人民法院、人民检察院被赋予了共同做好家庭教育的法律职责，对其提出了比一般家庭教育指导更高的要求，因此人民法院、人民检察院首先应系统科学地学习家庭教育，真正理解家庭教育的重要性。人民法院须具备对离婚夫妻进行家庭教育指导的能力；人民法院、人民检察院对未成年人存在严重不良行为或者实施犯罪行为，或者未成年人的父母或者其他监护人不正确实施家庭教育侵害未成年人合法权益的，应用家庭教育专业技能对父母或者其他监护人予以训诫，或责令他们接受家庭教育指导。

工会、共产主义青年团、残疾人联合会、科学技术协会、关心下一代工作委员会以及居民委员会、村民委员会等如何为家庭教育工作提供支持?

《家庭教育促进法》第九条规定:

> 工会、共产主义青年团、残疾人联合会、科学技术协会、关心下一代工作委员会以及居民委员会、村民委员会等应当结合自身工作,积极开展家庭教育工作,为家庭教育提供社会支持。

家庭教育关系到一个家族的命运、一个民族的命运。苏联教育家马卡连柯说:"教育工作中百分之一的废品就会使国家遭受严重的损失。"为了保证未成年人健康成长,与未成年人及未成年人家长息息相关的工会、共产主义青年团、残疾人联合会、科学技术协会、关心下一代工作委员会以及居民委员会、村民委员会均应当结合自身工作,积极开展家庭教育工作,为家庭教育提供社会支持。

一、与家庭教育有关的工会职责

《中华人民共和国工会法》第二条规定："工会是中国共产党领导的职工自愿结合的工人阶级群众组织，是中国共产党联系职工群众的桥梁和纽带。中华全国总工会及其各工会组织代表职工的利益，依法维护职工的合法权益。"第三条："在中国境内的企业、事业单位、机关、社会组织（以下统称用人单位）中以工资收入为主要生活来源的劳动者，不分民族、种族、性别、职业、宗教信仰、教育程度，都有依法参加和组织工会的权利。任何组织和个人不得阻挠和限制。"家庭教育的实施主体——未成年人的父母或者其他监护人大多都是工会成员，为工会开展家庭教育工作奠定了基础。

二、与家庭教育有关的中国共产主义青年团职责

中国共产主义青年团是中国共产党领导的先进青年的群团组织，是广大青年在实践中学习中国特色社会主义和共产主义的学校，是中国共产党的助手和后备军。中国共产主义青年团在现阶段的基本任务之一，是用社会主义核心价值体系教育青年，在建设中国特色社会主义的伟大实践中，造就有理想、有道德、有文化、有纪律的接班人，不断巩固和扩大党执政的青年群众基础，努力为党输送新鲜血液，为国家培养青年建设人才，团结带领广大青年，自力更生，艰苦创业，积极推动社会主义经济建设、政治建设、文化建设、社会建设、生态文明建设，为全面建设小康社会、加快推进社会主义现代化、实现中华民族伟大复兴的中国梦贡献智慧和力量。共产主义青年团团员年龄在 14 周岁以上、28 周岁以下。共产主义青年团作为中国共产党的助手和后备军，且部分团员是未成年

人,开展家庭教育工作有先天优势。

三、与家庭教育有关的残疾人联合会职责

残疾人联合会的主要职责是调查残疾人的状况,统计残疾人的数据,分析残疾人的成因,为残疾人开展康复、预防等方面的技术服务。在优生、上学、生产、生活、征婚、康复、预防等方面开展活动,切实改善残疾人生产、生活状况。帮助残疾未成年人和未成年人的残疾父母或者其他监护人是残疾人联合会的本职工作,因此结合本职工作开展与残疾人有关的家庭教育服务是其职责之一。

四、与家庭教育有关的科学技术协会职责

科学技术协会是科学技术工作者的群众组织。它是中国共产党领导下的人民团体,是代表科技工作者的群众组织,是党和政府联系科学技术工作者的桥梁和纽带,是国家推动科学技术事业发展的重要力量。其建设宗旨包括为经济社会发展服务,为提高全民科学素质服务,为科学技术工作者服务,推动社会主义经济建设、政治建设、文化建设和社会建设,构建社会主义和谐社会,为实现中华民族伟大复兴而努力奋斗。家庭教育服务与科协的建设宗旨一致,兴办符合中国科学技术协会宗旨的社会公益性事业是其职责之一。

五、与家庭教育有关的关心下一代工作委员会职责

中国关心下一代工作委员会(简称"中国关工委")是党中央批准成立的,以热心关心下一代工作的离退休老同志为主体、党政有

关部门和群团组织负责人参加的，以关心、教育、培养青少年健康成长为目的的群众性工作组织，是党和政府联系青少年的桥梁和纽带。着力加强青少年思想道德建设，引导青少年树立和践行社会主义核心价值观，支持和帮助青少年成长成才，团结教育广大青少年听党话、跟党走。

其工作任务包括但不限于以下内容。

加强青少年思想道德建设。广泛开展社会主义核心价值观教育，强化教育引导和实践养成。深化中国特色社会主义和中国梦宣传教育，加强党史国史、党情国情、国防和民族团结进步教育，引导青少年树立正确的世界观、人生观、价值观和历史观、民族观、国家观、文化观，继承和发扬光荣革命传统，养成高尚的思想品质和良好的道德情操，成为担当民族复兴大任的时代新人。

加强青少年关爱帮扶工作。按照国务院要求，与相关部门协同做好农村留守儿童和困境儿童等群体的关爱与服务工作。依法积极动员社会力量参与关心下一代公益慈善事业，共同为青少年排忧解难。

加强青少年的身心健康教育。引导他们锻炼强健的体魄，养成良好的心理品质，培养身心健康、体魄强健、意志坚强的一代新人。

维护青少年合法权益。贯彻落实"教育、感化、挽救"方针，积极预防青少年违法犯罪，做好重点青少年群体关爱服务工作。积极参与社会治理创新，组织"五老"（老干部、老战士、老专家、老教师、老模范）开展网上舆论引导、未成年人的网络保护工作，发挥在心理服务、社区治理、文化环境整治、矛盾化解等方面的作用，优化青少年成长的社会文化环境。

提升青少年文明素质。深入开展"老少共建"精神文明创建活动,推进爱国主义教育基地和青少年活动阵地建设。重视家庭建设,注重家庭、注重家教、注重家风,强化家庭教育基础作用,促进学校教育、家庭教育和社会教育的协调发展。

这些工作任务与家庭教育完全一致。

六、与家庭教育有关的居民委员会、村民委员会工作职责

(一)居民委员会

《中华人民共和国城市居民委员会组织法(2018 年 12 月 29 日修正)》以下条款:

第二条 居民委员会是居民自我管理、自我教育、自我服务的基层群众性自治组织。

第三条 居民委员会的任务:

(一)宣传宪法、法律、法规和国家的政策,维护居民的合法权益,教育居民履行依法应尽的义务,爱护公共财产,开展多种形式的社会主义精神文明建设活动;

(二)办理本居住地区居民的公共事务和公益事业;

(三)调解民间纠纷;

(四)协助维护社会治安;

(五)协助人民政府或者它的派出机关做好与居民利益有关的公共卫生、计划生育、优抚救济、青少年教育等项工作;

(六)向人民政府或者它的派出机关反映居民的意见、要求和提出建议。

（二）村民委员会

《中华人民共和国村民委员会组织法》是为了保障农村村民实行自治，由村民群众依法办理自己的事情，发展农村基层民主，促进农村社会主义物质文明和精神文明建设，根据宪法制定的法规。

村民委员会是村民自我管理、自我教育、自我服务的基层群众性自治组织，实行民主选举、民主决策、民主管理、民主监督。

村民委员会办理本村的公共事务和公益事业，调解民间纠纷，协助维护社会治安，向人民政府反映村民的意见、要求和提出建议。

村民委员会职责包括发展文化教育，促进村与村之间的团结、互助，开展多种形式的社会主义精神文明建设活动。村民委员会应当支持服务性、公益性、互助性社会组织依法开展活动，推动农村社区建设。

综上可以看出，家庭教育工作在居民委员会、村民委员会工作职责范围之内。

31

国家为什么鼓励和支持企事业单位、社会组织及个人依法开展公益性家庭教育活动？

《家庭教育促进法》第十条规定：

　　国家鼓励和支持企业事业单位、社会组织及个人依法开展公益性家庭教育服务活动。

开展公益性家庭教育活动属于指引性而非强制性要求。

鼓励，侧重于精神方面的激励和引导；支持，则包括资源的配置。鼓励和支持的对象包括企事业单位、社会组织及个人。

《家庭教育促进法》中明确了各级人民政府指导家庭教育工作，各部门分工协作的具体内容。真正落实家庭教育服务活动，则需要包括企事业单位、社会组织及个人等社会力量的支持。公益性家庭教育活动是否可持续，对这些社会力量的支持《家庭教育促进法》第七条有相关规定："县级以上人民政府应当制定家庭教育工作专项规划，将家庭教育指导服务纳入城乡公共服务体系和政府购买服务目录，将相关经费列入财政预算，鼓励和支持以政府购买服务的方式提供家庭教育指导。"家庭教育活动对于未成年人家长及其他监护人是免费的、公益的，确保家庭教育责任主体都有接受家庭教育指导的权利。同时，依法开展公益性家庭教育活动的企事业单位、社会组织及个人的正常经营运作来源于政府购买服务。这条法律条文充分体现了国家对家庭教育的重视，切实解决了家庭教育指导中未成年人父母和其他监护人的经济负担。

国家为什么鼓励开展家庭教育研究？

《家庭教育促进法》第十一条规定：

> 国家鼓励开展家庭教育研究，鼓励高等学校开设家庭教育专业课程，支持师范院校和有条件的高等学校加强家庭教育学科建设，培养家庭教育服务专业人才，开展家庭教育服务人员培训。

科学系统的家庭教育是一门很深的学问。我国有五千年的文明传承，家庭教育立法则是第一次。过去的家庭教育是家事，父母有什么样的育儿理念，孩子就被动地接受什么样的家庭教育。家庭教育的随意性和自然性，导致社会呈现出一种奇特的现象：优秀的家族源远流长，比如钱氏家族、孔氏家族等，然而这样的家族屈指可数。从一句俗语可以看到普通家族的命运——富不过三代。从个体家庭教育的成功到群体家庭教育的成功，缺的是提炼成功因素并大力推广复制，这是家庭教育专业化的过程。我国有丰富的家庭教育资源，有优秀样本可以研究，也有失败样本可以反证，更能通过实验来论证，因此开展家庭教育研究具有可行性。国家鼓励开展家庭教育研究，给家庭教育专业化指明了路径。鼓励高等学校开设家庭教育专业课程,其基础在于家庭教育研究成果。

"支持师范院校和有条件的高等学校加强家庭教育学科建设,培养家庭教育服务专业人才,开展家庭教育服务人员培训。"国家支持的对象是师范院校和有条件的高等学校。我们应注意到,师范院校是首选,这是为什么呢? 因为师范院校培养的人才大部分直接进入中小学校和幼儿园当老师,《家庭教育促进法》第三十九条规定:"中小学校、幼儿园应当将家庭教育指导服务纳入工作计划,作为教师业务培训的内容。"也就是说,师范院校的教学目标中应该设定家庭教育指导服务能力培训,有利于学生进入工作岗位后胜任家校共育的职责。

国家对于捐赠或者提供家庭教育志愿服务的自然人、法人和非法人组织给予什么政策？

《家庭教育促进法》第十二条第一款规定：

> 国家鼓励和支持自然人、法人和非法人组织为家庭教育事业进行捐赠或者提供志愿服务，对符合条件的，依法给予税收优惠政策。

这也是一项引导性政策，明确了家庭教育事业是一项公益事业。捐赠适用于《中华人民共和国公益事业捐赠法》第二十四条："公司和其他企业依照本法的规定捐赠财产用于公益事业，依照法律、行政法规的规定享受企业所得税方面的优惠。"第二十五条："自然人和个体工商户依照本法的规定捐赠财产用于公益事业，依照法律、行政法规的规定享受个人所得税方面的优惠。"《志愿服务条例》第三十一条："自然人、法人和其他组织捐赠财产用于志愿服务的，依法享受税收优惠。"

志愿服务，是指志愿者、志愿服务组织和其他组织自愿、无偿向社会或者他人提供的公益服务。

税收是指国家为了向社会提供公共产品、满足社会共同需要，按照法律的规定，参与社会产品的分配、强制、无偿取得财政收入的一种规范形式。税收是一种非常重要的政策工具。税收优惠政策是税法对某些纳税人和征税对象给予鼓励和照顾的一种特殊规定。比如，免除其应缴的全部或部分税款，或者按照其缴纳税款的一定比例给予返还等，从而减轻其税收负担。税收优惠政策是国家利用税收调节经济的具体手段，国家通过税收优惠政策，可以扶持某些特殊地区、产业、企业和产品的发展，促进产业结构的调整和社会经济的协调发展。

34

在家庭教育工作中做出突出贡献的
组织和个人能否获得奖励？

《家庭教育促进法》第十二条第二款规定：

国家对在家庭教育工作中做出突出贡献的组织和个人，按照有关规定给予表彰、奖励。

表彰、奖励是一种激励手段，是激发人们的荣誉感和进取心的措施，是一种调动人员积极性，最大限度地挖掘潜在能力的管理方法。这种表彰、奖励是非常崇高的荣誉。

35

全国家庭教育宣传周和
国际家庭日的关系？

《家庭教育促进法》第十三条规定：

> 每年 5 月 15 日国际家庭日所在周为全国家庭教育宣
> 传周。

20 世纪 80 年代以来，全世界家庭数目急剧增加，家庭规模日趋缩小，离婚率普遍上升，人口老龄化问题日益严重，人们的家庭观念也在发生变化。家庭所发生的深刻变化给社会发展带来巨大冲击，需要国际社会给予更多关注。

与此同时，联合国对家庭相关议题的关注与日俱增。1989 年 12 月 8 日，第 44 届联合国大会通过一项决议，宣布 1994 年为"国际家庭年"。

1993 年 2 月，联合国社会发展委员会决议宣布，从 1994 年起，每年 5 月 15 日为"国际家庭日"。

家庭是社会的基本细胞，也是对人类社会产生重要影响的个体单位，在解决困惑和人类社会的危机中，起着举足轻重的作用。此外，家庭作为社会最基本、最普遍的组织形式，可以保护青年和未来一代免遭社会不良现象的腐蚀。

设立国际家庭日的目的旨在提高各国政府和公众对家庭问题的认识,促进家庭的和睦、幸福和进步,促进对有关家庭问题的认识,增加有关社会、经济和人口对家庭影响的知识。

历年国际家庭日主题

2023 年:我爱我家;支持家庭生育,促进人口均衡发展

2022 年:家庭与城市化

2021 年:科学养育助力成长,构建生育友好社会

2020 年:传承优良家风家训,建设幸福和谐家庭

2019 年:家庭与气候行动:关注可持续发展

2018 年:家庭与包容性社会

2017 年:家庭、教育和福祉

2016 年:家庭、健康生活和可持续发展

2015 年:男人说了算? 当代家庭中的性别平等和儿童权利

2014 年:家庭事关发展目标的实现;国际家庭年 20 周年

2013 年:推进社会融合和代际团结

2012 年:工作与家庭——两者兼顾

2011 年:面对家庭贫困和社会排斥

2010 年:移徙对世界各地家庭的影响

2009 年:母亲和家庭:变化世界中的挑战

2008 年:父亲与家庭:责任和挑战

2007 年:家庭与残疾人

2006 年:变化中的家庭:机遇与挑战

2005 年:艾滋病毒/艾滋病与家庭福祉

2004 年:国际家庭年十周年:一个行动框架

2003 年：筹备 2004 年国际家庭年十周年纪念活动

2002 年：家庭和老龄化：机遇与挑战

2001 年：家庭和志愿者：建设社会凝聚力

2000 年：家庭：发展的推动者和受益者

1999 年：不分年龄人人共享的家庭

1998 年：家庭：人权的教育者和提供者

1997 年：在伙伴关系基础上的家庭建设

1996 年：家庭：贫穷和无家可归首当其冲的受害者

1994 年：家庭：变化世界中的动力与责任

《家庭教育促进法》出台前，浙江省、安徽省等 9 个省份分别通过了促进家庭教育的相关条例，这些条例均将每年 5 月 15 日国际家庭日所在周作为全省家庭教育宣传周。《家庭教育促进法》将全省家庭教育宣传周扩展为全国家庭教育宣传周。

36

父母或者其他监护人应当
树立怎样的责任意识？

《家庭教育促进法》第十四条第一款规定：

> 父母或者其他监护人应当树立家庭是第一个课堂、家长是第一任老师的责任意识，承担对未成年人实施家庭教育的主体责任，用正确思想、方法和行为教育未成年人养成良好思想、品行和习惯。

该条款明确了责任意识及主体责任，用什么样的教育方式，达到什么样的目的。

"人生第一课"包罗万千，涵盖很多方面，家长要给孩子传人生之道、授生活之业、解成长之惑，但最重要的是品德教育。"爱子，教之以义方"是指用正确思想、方法和行为教育未成年人养成良好思想、品德和习惯。家庭教育重在人格教育，应该在孩子的心灵中植入中华民族传统美德，引导他们树立和践行社会主义核心价值观。

家是生命之宫，是心灵之根，是幸福之本，是教育之源。孩子对外在世界的认识来源于父母，家庭生活会在潜移默化中影响孩子的成长。父母用争吵的方式解决问题,孩子通常也会用吵架、发脾气的方式应对问题;父母用沟通的方式解决问题,孩子面对问题时也会尝试沟通;父母热爱生活,孩子就热情开朗;父母认为社会险恶,孩子就会处处提防;家长正儿女易行善,家长邪儿女易行恶;家长民主儿女生平等之心,家长独断儿女生专行之念;家长仁慈儿女博爱,家长暴戾儿女残忍。孟母三迁、岳母刺字、"近朱者赤,近墨者黑"等等,都说明家长的素养和家庭的环境,与人一生的教养息息相关、处处相连。孩子的成长离不开家庭。因此,家庭是人的第一课堂,也是终身的学堂。家庭教育是人生的起始教育和奠基教育,家庭教育对人一生影响至关重要。

37

共同生活的家庭成员是否有
实施家庭教育的责任？

《家庭教育促进法》第十四条第二款规定：

> 共同生活的具有完全民事行为能力的其他家庭成员应当
> 协助和配合未成年人的父母或者其他监护人实施家庭教育。

广义的家庭教育是指渗透在家庭全部生活之中，来自家庭的人或物对儿童的直接、间接、有意、无意、积极、消极的影响。狭义的家庭教育是指在家庭生活中，父母或其他年长者在家庭中自觉地、有意识地对未成年子女或其他年幼者实施的教育和影响。《家庭教育促进法》所称家庭教育，是指父母或者其他监护人为促进未成年人全面健康成长，对其实施的道德品质、身体素质、生活技能、文化修养、行为习惯等方面的培育、引导和影响，取的是狭义的家庭教育概念。

人是环境的产物，每个孩子来到这个世界首先面临的就是家庭环境，这就是所谓的家风家道。一个家庭的家风家道是由每一个共同生活的家庭成员的言行举止构成的，这个家庭中的每一个成员的所言所行甚至所思，都在影响着孩子三观的形成。家庭成员包括家庭教育的责任主体——父母或其他监护人，还包括具有完全民事行为能力的人，未成年人和其他不完全具有民事行为能力的人。

《民法典》第十七条规定："十八周岁以上的自然人为成年人。不满十八周岁的自然人为未成年人。"第十八条规定："成年人为完全民事行为能力人，可以独立实施民事法律行为。十六周岁以上的未成年人，以自己的劳动收入为主要生活来源的，视为完全民事行为能力人。"

《家庭教育促进法》是针对具有完全民事行为能力的其他家庭成员，是除父母或者其他监护人以外与未成年人最亲密的人，比政府和社会其他人员对未成年人的影响更大，应当协助和配合未成年人的父母或者其他监护人实施家庭教育，培育和践行社会主义核心价值观，弘扬中华民族优秀传统文化、革命文化、社会主义先进文化，促进未成年人健康成长。其他不具有民事行为能力的人不具有协助父母或者其他监护人实施家庭教育的责任和义务。

家庭教育的责任主体是父母或者其他监护人，具有完全民事行为能力的其他家庭成员不能代替父母或者其他监护人行使家庭教育责任主体权利和义务，在家庭教育中起到协助和配合作用。

38

怎样为未成年人健康成长
营造良好的家庭环境？

《家庭教育促进法》第十五条规定：

> 未成年人的父母或者其他监护人及其他家庭成员应当注
> 重家庭建设，培育积极健康的家庭文化，树立和传承优良家
> 风，弘扬中华民族家庭美德，共同构建文明、和睦的家庭关系，
> 为未成年人健康成长营造良好的家庭环境。

所有的家庭成员，包括未成年人的父母或者其他监护人及其
他家庭成员都有责任注重家庭建设，营造良好的家庭环境。夫妻
平等和睦、尊老爱幼的家庭环境对未成年人健康成长起着非常重
要的作用。

《孟子·滕文公上》有言："父子有亲，君臣有义，夫妇有别，长
幼有序，朋友有信。"伦理关系基本可以概括为长辈与晚辈之间、夫
妻之间、兄弟姐妹之间、朋友之间、上下级之间这几种。

《论语·学而篇》有言："弟子入则孝，出则弟（即悌），谨而信，
泛爱众，而亲仁。"孝是德行根本，家庭教育首重孝道，古人以孝悌
为美德。在《三字经》中就有"首孝悌，次见闻"的记载。孝悌就是

指孝敬父母、敬爱兄长。父母养育子女,子女孝敬父母,兄弟姐妹相互友爱,家庭和睦才能兴旺发达。在 21 世纪的今天,我们仍应该在家庭里践行孝悌之道,培育积极健康的家庭文化,树立和传承优良家风,弘扬中华民族家庭美德,共同构建文明、和睦的家庭关系,为未成年人健康成长营造良好的家庭环境。

39

家庭教育的主要内容是什么？

《家庭教育促进法》第十六条规定：

　　未成年人的父母或者其他监护人应当针对不同年龄段未成年人的身心发展特点，以下列内容为指引，开展家庭教育：

　　（一）教育未成年人爱党、爱国、爱人民、爱集体、爱社会主义，树立维护国家统一的观念，铸牢中华民族共同体意识，培养家国情怀；

　　（二）教育未成年人崇德向善、尊老爱幼、热爱家庭、勤俭节约、团结互助、诚信友爱、遵纪守法，培养其良好社会公德、家庭美德、个人品德意识和法治意识；

　　（三）帮助未成年人树立正确的成才观，引导其培养广泛兴趣爱好、健康审美追求和良好学习习惯，增强科学探索精神、创新意识和能力；

　　（四）保证未成年人营养均衡、科学运动、睡眠充足、身心愉悦，引导其养成良好生活习惯和行为习惯，促进其身心健康发展；

　　（五）关注未成年人心理健康，教导其珍爱生命，对其进行交通出行、健康上网和防欺凌、防溺水、防诈骗、防拐卖、防性侵等方面的安全知识教育，帮助其掌握安全知识和技能，增强其自我保护的意识和能力；

（六）帮助未成年人树立正确的劳动观念，参加力所能及的劳动，提高生活自理能力和独立生活能力，养成吃苦耐劳的优秀品格和热爱劳动的良好习惯。

总的来说，未成年人的父母或者其他监护人对子女实施的家庭教育内容涉及道德品质、身体素质、生活技能、文化修养、行为习惯等。

为什么要培养未成年人的家国情怀？

"教育未成年人爱党、爱国、爱人民、爱集体、爱社会主义，树立维护国家统一的观念，铸牢中华民族共同体意识，培养家国情怀"是家庭教育之首要内容。

《孟子》有言："天下之本在国，国之本在家，家之本在身。"所谓的家国情怀并不只是一种单纯的文学抒怀，更是一种伟大的精神传承。

中共中央党校（国家行政学院）文史教研部教授、中国史教研室主任王学斌说："在五千年的中华文明史上，有政治昌明、风调雨顺的时刻，也不乏山河动荡、风雨飘摇的岁月。在每一个危难关头，都有毁家纾难、精忠报国的人挺身而出，都有先忧后乐、心系百姓的人奔走呼号，都有身虽平凡、亦足奋勇的人当职尽责。这使得我们这个民族最大的特点是具有韧性，即便经历无数的困难，依然不屈不挠、葆有生机。"

《大学》有言："物格而后知至，知至而后意诚，意诚而后心正，心正而后身修，身修而后家齐，家齐而后国治，国治而后天下平。"一方面强调，一个人要想立德于天下，就要为国效劳，治理好自己的国家；另一方面又指出，要想报效和治理国家，必须管理好自己的家庭和家族；而管理好家庭和家族，则应从修养自身做起。如此,便将个人、家庭、国家纳入联动递进的演进链条和轨道。家国情怀的产生和弘扬,正是在这条演进链条上开拓前行的必然结果。

每一个中国人对中华文化和中华大地深刻的眷恋和认同,是家国情怀的核心。家国情怀的代代传承由家风家教开始。家庭教育是每个人成长的起点,是人生不断进步的加油站,父母长辈、兄弟姐妹的言传身教和耳濡目染是个人发展、家族世代传承的宝贵资源。

家国情怀不仅是中华民族优秀传统文化的重要内容,也是五千年来中华民族众多仁人志士的杰出表现,是实现中华民族伟大复兴梦想的不懈动力。

21世纪,新时代家国情怀继续发挥着重要作用,并有其新的时代内涵与独特价值。在当代涵养家国情怀,要注重家庭建设。从个人修身做起、从小家做起,用适应新时代的家风家教方式,把社会主义核心价值观融入其中,教育未成年人爱党、爱国、爱人民、爱集体、爱社会主义,树立维护国家统一的观念,铸牢中华民族共同体意识,培养家国情怀。

为什么未成年人的父母或者其他监护人要培养未成年人社会公德意识、家庭美德意识、个人品德意识和法治意识？

《家庭教育促进法》第十六条第二款：

教育未成年人崇德向善、尊老爱幼、热爱家庭、勤俭节约、团结互助、诚信友爱、遵纪守法，培养其良好社会公德、家庭美德、个人品德意识和法治意识。

未成年人的父母或者其他监护人要培养未成年人社会公德意识、家庭美德意识、个人品德意识和法治意识，有益孩子的身心健康，他们将来进入社会后，对于各种诱惑有免疫力，处理问题时更平和从容，做事情随心所欲而不逾矩，这样的孩子一生更容易感知幸福。

一、社会公德意识

社会公德是全体公民在社会交往和公共生活中应该遵循的行

为准则，涵盖了人与人、人与社会、人与自然之间的关系。公共生活是相对于私人生活而言的，私人生活主要是指婚姻家庭生活和其他私人关系的活动。公共生活发生在公共空间，具有公开性和共享性。要维护公共秩序、公共利益和社会的和谐稳定，人们必须遵守一定的行为规范。《公民道德建设实施纲要》把社会公德概括为文明礼貌、助人为乐、爱护公物、保护环境、遵纪守法五个方面的内容。

我国《宪法》规定："凡具有中华人民共和国国籍的人都是中华人民共和国的公民。中华人民共和国公民在法律面前一律平等。任何公民享有宪法和法律规定的权利，同时必须履行宪法和法律规定的义务。"中国共产党第十七次全国代表大会报告提出要"加强公民意识教育"，这在中国共产党历次全国代表大会的报告中是首次出现。未成年人也是公民，遵守社会公德也是公民意识教育之一。从孩子一出生就对他们进行崇德向善教育，社会公德意识会伴随他们一生，这为他们走向社会与人、与社会、与自然之间和谐相处奠定了良好的基础。

二、家庭美德意识

中共中央、国务院印发的《新时代公民道德建设实施纲要》指出："推动践行以尊老爱幼、男女平等、夫妻和睦、勤俭持家、邻里互助为主要内容的家庭美德，鼓励人们在家庭里做一个好成员。"这一重要论述为新时代家庭美德建设指明了方向。如何滋养人性之温情、维系家庭之和谐、培育家国之情怀，成为当代中国家庭美德建设面临的重要任务。

"尊老爱幼"就是继承中国传统家庭美德中"老吾老以及人之

老,幼吾幼以及人之幼"的优良传统,子女对父母有尊敬之心,父母给予子女亲情和关爱,互相尊重人格权利和个人隐私。父母和子女在共同承担家庭责任与义务中,尽力为家庭多做贡献,共同建设幸福之家。

家庭美德的培养对未成年人有双重意义,未成年人是家庭美德教育的受益者。在尊老爱幼、团结和睦的家庭环境中成长,他们的内心得到了温情滋养,为他们成年后组建家庭,以及对后代的家庭教育起到良好的铺垫作用。

三、个人品德意识

个人品德主要是指个人依据一定的道德行为准则在行动时所表现出来的稳定心理特征及价值趋向。《新时代公民道德建设实施纲要》提出:"推动践行以爱国奉献、明礼遵规、勤劳善良、宽厚正直、自强自律为主要内容的个人品德,鼓励人们在日常生活中养成好品行。"良好个人品德的形成是社会公德、家庭美德、职业道德的基础。培养团结互助、诚信友爱等美好的个人品德,不仅能顺利地度过未成年人时期,也对成年后走向职场、组建家庭、服务社会有深远的意义。

四、法治意识

法治意识是人们关于法治的知识、观点和心理的总称。培养未成年人法治意识素养,碰到问题通过法律渠道来维护自身利益,不仅能增强未成年人的安全感和自我保护能力,也有利于社会和谐稳定。

如何根据未成年人的身心发展特点
培养未成年人品德意识？

　　父母或者其他监护人的道德行为对于孩子有重要的影响。如果父母或者其他监护人说一套做一套，这种知行不合一的行为，会对处在品德意识发展时期的孩子造成不良影响，使他们不能明确什么是合适的道德行为。未成年人的品德意识要依据未成年人道德发展规律进行。培养未成年人的品德意识需要科学依据，父母或者其他监护人要多了解未成年人道德发展水平的知识，不要在其理解不了的情况下，随便给他们贴标签。

　　道德意识和行为的培养要有内化的过程，这个过程分为三个阶段。

　　一是遵从。孩子希望获得父母的赞同和认可，就会表现出父母所希望看到的行为，但并不一定是真心实意的，其目的只是为了获得外界的奖赏，避免惩罚或责难。

　　二是认同。认同与理想的关系相关，比如孩子与自己的父亲关系非常好，因此希望自己能够与父亲有同样的行为，主动地接受其道德影响，并且当父亲认可他的时候，产生一种满足感。

　　三是真正内化。孩子真正接受社会影响，采取与自己价值观相符的道德行为，而获得一种内在激励，从内化中获得的满足感可归结为新行为内容的本身,这时,孩子真正的道德意识和行为就形成了。

德由心而生,德不需要制造,它是唤醒、是培养、是呵护,不能急。王阳明说:"种树者必培其根,种德者必养其心。"培养德的方法是养心,前面讲的道德意识和行为培养的内化过程,就是养心的过程。培养未成年人品德意识必须认知心性,善用其心,善养其心,就是育人的过程。

43

何为正确的成才观？

　　所谓的人才，就是人类文明的传承者和实践者。杰出人才，则是人类文明的传承者和创新者。

　　家长通过言传身教培养孩子树立远大的理想和坚定的信念，发现孩子的天赋，顺着孩子的天赋，因材施教，培养孩子的兴趣爱好和健康的审美追求，建立良好的学习习惯，增强科学探索精神、创新意识和能力。这些既有利于孩子快乐学习，又能助力孩子成为专业化的人才。

　　社会对人才的需要是多样化的，成才的道路也是多种多样的。一个人不论是否有文凭，也不论在什么岗位，只要有报国之心、学习之志和锲而不舍的实践创新精神，就一定能够成为对祖国、对人民有用的人才。

44

从哪些方面保证未成年人的
身心健康发展？

　　身心健康，是指健康的身体和愉快正常的心态。身心健康是身心和谐发展的结果，也是身心充实、健康生活的保障。

　　未成年时期的身心健康是其一生身心健康的基础。科学研究表明，儿童时期出现心理疾患多数是因抚养教育不当引起的，父母必须特别重视改善未成年人的心理卫生条件，促进其心理健康。丰富的营养、充足的睡眠是保证儿童大脑发育和身心健康的重要条件。而父母和子女之间的血缘关系和供养关系、父母的相亲相爱、对家庭的眷恋以及对父母健康和情绪的关切，都是一种情感的"反馈"。所有这些构成父母与子女情感联系和交流的闭合系统。这种联系和交流十分有利于情感的升华，逐步培养儿童的同情感、责任感、道德感、荣誉感、幸福感和理智感，这就为儿童日后良好性格的发展、健康的人际交往、愉快的情绪、健全的行为等打下坚实的基础。因此，父母或者其他监护人要保证未成年人营养均衡、科学运动、睡眠充足、身心愉悦，引导其养成良好的生活习惯和行为习惯，促进其身心健康发展。

　　心理学家彼得森在长期的观察中发现，儿童的习性、语言、动态及世界观的形成同其家长非常相似。他认为，父母通过微笑和亲切的目光与孩子互动,能够为孩子提供一种愉快的教育环境。因此,父母在日常生活中应当心胸宽广、精神愉快,即便工作繁忙,也要创造与孩子相处的时光,与他们分享快乐,进行潜移默化的感染与陶冶。

一个儿童心理专家曾进行了长达八年的研究,对一万多名经济条件不同的儿童进行了调查,反馈的结果出乎预料。当被问到最大的心愿和要求时,绝大多数的儿童对吃、玩、用的东西都不大关心,他们更重视的竟是家庭气氛和精神生活。如:① 父母不要吵架;② 对待儿童要一视同仁;③ 大人说话不要失信;④ 爸爸妈妈要互相谦让,不要彼此责怪;⑤ 父母要维护儿童的自尊心;⑥ 我的小朋友来做客时,爸爸妈妈要表示欢迎;⑦ 家庭里要有适当的文娱活动,节假日要给儿童玩的时间;⑧ 爸爸妈妈言行不对的时候,要接受儿童的批评;⑨ 对儿童少发点脾气,多一点笑。

这可以说是孩子们的共同心声,他们的精神需求比物质需求更重要,他们希望有个融洽和谐、宽容民主、活泼有爱的家庭;他们讨厌气氛沉闷、感情贫乏、专横独断、嘈杂烦躁的家庭环境。家长们有意识地为儿童创造良好的家庭环境,形成一种愉快的氛围,让儿童在快乐中学习成长,依其自然赋予的素质,发挥那金子般的灵气,是家庭优教的一个重要环节。

培养孩子健康的生活方式是每一位父母的责任,家庭的生活方式对孩子具有"基因式"的影响。父母要特别重视自我的健康素养与健康生活行为,要改变自己的不良生活习惯,和孩子一起养成健康的生活方式。父母熬夜、不爱运动、常点外卖……这些行为都是有碍健康家庭建设的。针对中国青少年的研究调查发现,有两成父母经常带孩子去餐馆吃饭,有四成父母从来不和孩子一起运动,超过三成父母曾经在餐桌上训斥孩子,还有些父母经常上网玩游戏到很晚。这些生活方式上的错误示范需要父母及时纠正,自觉做健康生活的典范,给孩子积极健康的生活引领。父母要重视健康家庭建设,保证未成年人营养均衡、科学运动、睡眠充足、身心愉悦,引导其养成良好的生活习惯和行为习惯,促进其身心健康发展。

从哪些方面关注未成年人的
心理健康？

《家庭教育促进法》第十六条规定：

未成年人的父母或者其他监护人应当针对不同年龄段未成年人的身心发展特点，以下列内容为指引，开展家庭教育：

……

（五）关注未成年人心理健康，教导其珍爱生命，对其进行交通出行、健康上网和防欺凌、防溺水、防诈骗、防拐卖、防性侵等方面的安全知识教育，帮助其掌握安全知识和技能，增强其自我保护的意识和能力。

……

一、认识未成年人的心理健康

未成年人的心理健康包括六个方面，即智力发展水平、情绪稳定性、学习适应性、自我认识的客观程度、社会适应性、行为习惯。

（一）智力发展水平

智力发展优秀者并不一定拥有健康的心理，但如果智力发展水平低下,那必将对心理健康有极大影响。因此,一个心理健康的未成年人,其智力发展应处于正常范围。相反,若智力水平低下,心理健康状态也会下降。

（二）情绪稳定性

一个心理健康的未成年人,一般心境良好,愉快、乐观、开朗、满意等积极情绪占主导,但同时又能随事物对象的变化而产生合理的情绪变化。

所谓合理的情绪变化是指,当有了喜事时感到愉快,遇到不幸的事时产生悲哀的情绪。此外,还能根据场合的不同,适当地控制自己的情绪。

（三）学习适应性

一个心理健康的幼儿、中小学生通常喜欢学校、喜欢上学,觉得学习是一件令人愉快的事,感到轻松;对学习的内容往往抱有浓厚的兴趣,乐于克服学习上遇到的困难;学习效率高。

（四）自我认识的客观程度

心理健康的未成年人能顺利地从以自我为中心向非自我中心阶段转变;能将自己同客观现实联系起来,主动从周围环境中寻找评价自己的参照点,对自己的认知开始表现出客观性。

（五）社会适应性

心理健康的未成年人往往具有独立生活的能力,自己的日常生活事务能由自己来料理,能适应不同环境下的社会生活,乐于与人交往,让自己融入集体生活,自觉用社会规范来约束自己,使自己的行为符合社会的要求,而不是以自我为中心,把自己孤立起来,与周围的人群格格不入。

（六）行为习惯

心理健康的未成年人一般有良好的行为习惯，对外部刺激的行为反应适中，不过度敏感，也不迟钝；他们不会因鸡毛蒜皮的事情而大发脾气，也很少出现让人觉得莫名其妙的举动，其行为表现与他们的年龄特征相吻合。

二、培养未成年人的心理健康

（一）提升家长自身心理健康

家长自身的心理健康是培养子女健康心理的前提。"父母是孩子最好的老师。"家长心理的不健康因素将直接影响家庭教育的质量，甚至给家庭教育带来负面的影响。提升家长自身的心理健康比培养孩子心理健康更重要。

（二）家长以身作则

家长需要做到以身作则，为未成年人创建一个良好的家庭心理健康环境。家庭文化氛围、家庭心理氛围与家庭道德教育密切相关，未成年人的身心健康与否，与家庭心理氛围是否和谐健康有着直接的联系。

（三）尊重、陪伴、了解孩子

在家庭教育中，父母要真正懂得孩子的心理、尊重孩子的人格，培养孩子积极健康的情感、坚强的意志和优良的品德，让孩子学会把握自己的情绪。遇到问题不过分责骂，而是和孩子一起寻找解决办法，树立孩子的自信心。注重陪伴，和孩子一起出游、做家务、阅读等，让孩子感受到家庭的爱。

46

何为正确的劳动观？如何帮助
未成年人树立正确的劳动观？

一、正确的劳动观

人们在劳动的过程中，总会形成对劳动的看法和认识，这就是劳动观。劳动观反映着劳动者对劳动的态度，决定着劳动者在劳动过程中的行为。劳动使人聪慧，劳动给人快乐，劳动是财富之源。"幸福的生活从哪里来，靠劳动来创造。"勤于劳动一直是中华民族的传统美德，我们今天的幸福生活也是靠无数人的劳动和智慧获得的。

劳动观作为意识形态领域的内容，与人生观、世界观是一脉相承的。人生观、世界观虽然看不见摸不着，但在工作或生活中都会有所表现，而这种表现的过程大都是劳动的过程。从这个意义上讲，人生观、世界观决定着劳动观，劳动观生动地反映着人生观、世界观。正确的劳动观表现为：崇尚劳动、热爱劳动、辛勤劳动、诚实劳动。一个人只有树立了正确的劳动观，才能自觉强化"辛勤劳动最光荣"的意识，用双手和智慧去创造人生，实现自己的理想，并对人生观、世界观的形成起到积极的作用。

劳动的一个重要特性就是平等性，劳动虽然有分工、专业、条件和环境等诸多方面的差别,但就劳动本身而言,是没有高低贵贱之分的。

劳动创造财富,财富也体现着劳动的价值。劳动不但创造有形的物质财富,也在创造无形的精神财富,劳动在丰富物质生活的同时,也在塑造劳动者的精神世界。正确的劳动观,是既重视物质财富的产出,又重视精神财富的产出,既重视物质上的回报,又重视精神上的满足。

树立正确的劳动观,不是一时之功,而是在长久的实践中积淀而成的。经受千锤百炼,战胜各种诱惑,克服各种困难。树立正确的劳动观,需要教育和引导,更重要的是需要自觉行动,从我做起,从现在做起。

二、帮助未成年人树立正确的劳动观

《家庭教育促进法》第十六条第六款规定:"帮助未成年人树立正确的劳动观念,参加力所能及的劳动,提高生活自理能力和独立生活能力,养成吃苦耐劳的优秀品格和热爱劳动的良好习惯。"

劳动教育是中国特色社会主义教育制度的重要内容,直接决定社会主义建设者和接班人的劳动精神面貌、劳动价值取向和劳动技能水平。在教育实践中,把准劳动教育的价值取向,有利于引导学生树立正确的劳动观。

树立"劳动是幸福的源泉"的观念。回望历史,"中国奇迹"的创造、"中国震撼"的铸就,无不凝聚着广大劳动者的智慧和汗水;生活的美好、社会的进步,无不源于平凡艰辛的劳动。实践证明,人世间的美好梦想,只有通过诚实劳动才能实现;发展中的各种难题,只有通过诚实劳动才能破解;生命里的一切辉煌,只有通过诚实劳动才能铸就。树立正确劳动观,未成年人才能真切领会到中国特色社会主义事业大厦是靠一砖一瓦建成的,人民幸福是靠一点一滴创造得来的,从而更好地报效国家、奉献社会。

父母要成为热爱劳动的榜样。做父母的首先要具有对劳动的尊重和自豪的感情,培养孩子"劳动光荣"的意识,让孩子铭记"劳动光荣,懒惰可耻",明白劳动是财富的来源,人的劳动是创造世界的活动。从心性上启发孩子认识到劳动的意义,并做个勤劳的人。

引导孩子去做力所能及的事情。在不同阶段引导孩子做些力所能及的事情,让孩子从自己穿衣、整理自己的玩具、收拾自己的日常用品等做起,从易到难地教孩子参与到一些家务劳动中来。孩子刚开始学做事情,会因手脚不能很好协调而感到费力,有可能还会越做越糟,作为父母应该对孩子耐心引导,给孩子做示范或者与孩子共同把事情做好,不要因为心疼孩子而剥夺孩子劳动的权利。

多让孩子分担家务劳动。要抓住各个关键期,让孩子参与到家务活动中来,无论大小,让孩子的生活技能在反复实践中提升,多给予孩子鼓励,激发孩子的劳动热情,让孩子乐于做家务,让孩子养成吃苦耐劳的优秀品格和热爱劳动的良好习惯。

三、苏联教育家苏霍姆林斯基引导孩子劳动的案例

一次,苏霍姆林斯基把 12 岁的儿子谢廖扎叫到眼前,给了儿子一把新铁锹,并对他说:"儿子,你到地里去,量出一块长宽各一百个脚掌的地块,把它挖好。"儿子很高兴地拿了铁锹,来到地里就挖了起来。

在没有用惯铁锹之前，谢廖扎感到很费力；随后干得越来越轻松了。可是待到他用铁锹准备翻出最后一锹泥土时，铁锹把折断了。

谢廖扎回到家里，心里忐忑不安：一旦父亲知道铁锹坏了，会怎么说我呢？"爸爸，您可别怪我。"儿子说，"我让家里损失了东西。""什么东西？"父亲问。"铁锹坏了。"这时，苏霍姆林斯基并没有责怪孩子，而是问："你学会挖地了没有？挖到最后，是觉得越来越费劲，还是感到越来越轻松了呢？"

孩子回答："挖到最后，越来越轻松了。"这时苏霍姆林斯基说："看来你不是失，而是得。"孩子疑惑不解。他继续说："愿意劳动了，这就是最宝贵的收获。"这时孩子一颗忐忑的心顿时平静了下来。孩子不仅感受到了精神上的愉悦，还从中看到了劳动的价值，树立了良好的劳动观。

47

未成年人的父母或者其他监护人应该运用哪些方法实施家庭教育？

《家庭教育促进法》第十七条规定：

　　未成年人的父母或者其他监护人实施家庭教育，应当关注未成年人的生理、心理、智力发展状况，尊重其参与相关家庭事务和发表意见的权利。合理运用以下方式方法：

　　（一）亲自养育，加强亲子陪伴；

　　（二）共同参与，发挥父母双方的作用；

　　（三）相机而教，寓教于日常生活之中；

　　（四）潜移默化，言传与身教相结合；

　　（五）严慈相济，关心爱护与严格要求并重；

　　（六）尊重差异，根据年龄和个性特点进行科学引导；

　　（七）平等交流，予以尊重、理解和鼓励；

　　（八）相互促进，父母与子女共同成长；

　　（九）其他有益于未成年人全面发展、健康成长的方式方法。

　　在具体实施中，家长要多看孩子的优点，纠正孩子的过失，践行十六字方针：接受、相信、陪伴、等待、关注、发现、鼓励、祝福。

48

亲子陪伴在家庭教育中
有怎样的重要性?

决定孩子学习能力与心理健康的关键是亲子依恋关系。依恋,一般被定义为幼儿与其照顾者(主要指父母亲,一般为母亲)之间存在的一种特殊的感情联系。这种情感模式会伴随其一生(两人相处的模式),影响其对其他人的关系处理。稳固的亲子依恋关系是孩子安全感、价值感的基本来源,是孩子构建自我、走向独立的基础。

《2017 中国家庭亲子陪伴白皮书》显示:98.4％的中国家长认同"父母的陪伴是最好的教育"这一观点。对于成长期的孩子,持续和细致的照料对其身心发展至关重要,平时多与孩子平心静气地沟通,多关注孩子的情感需求,多陪孩子一起玩,一起完成增强信心和能力的事,引导孩子克服生活和学习中遇到的困难,使其增强自信和能力。科学实验发现,缺乏安全照料的孩子智力发展落后,更容易出现各类行为和情绪问题。

美国心理学家哈洛和他的同事曾做过一个恒河猴实验。他们把一只刚出生的婴猴放进一个隔离的笼子中养育,并用两个假猴子替代真母猴。这两个代母猴分别是用铁丝和绒布做的,实验者在"铁丝母猴"胸前特别安置了一个可以提供奶水的橡皮奶头。按哈洛的说法就是"一个是柔软、温暖的母亲,一个是有着无限耐心、可以 24 小时提供奶水的母亲"。刚开始,婴猴多围着"铁丝母猴",但没过几天,令人惊讶的事情就发生了:婴猴只在饥饿的时候才到"铁丝母猴"那里喝几口奶水,更多的时候都是与"绒布母猴"待在一起;婴猴在遭到不熟悉的物体,如一只木制的大蜘蛛的威胁时,会跑到"绒布母猴"身边并紧紧抱住它,似乎"绒布母猴"会给婴猴更多的安全感。

对于家长来说,你未必需要去做孩子学习的家庭教师,也未必要给孩子多少物质上的丰足。你所需要做的,就是拿出一点点时间,尽可能给孩子一些陪伴:他学习的时候,你安静地读一些书、写一些文字;他看电视的时候,你和他聊一聊电视里的故事和社会上的新闻;他痛苦的时候,你给他一些安慰和指导;他高兴的时候,你可以分享他的快乐……甚至,你可以什么都不做,就那么安静地坐在他的身边,看着他、陪着他、聆听他、欣赏他。好的亲子陪伴是有计划、高质量、有引导性、有互动的,禁止将亲子陪伴变成监视和监督。

49

家庭教育中父母为什么要共同参与，
发挥双方的作用？

父母双方在家庭教育的过程中都是不可或缺的角色，对于孩子三观的形成、自信心的建立、学习和人生的规划以及习惯的养成有着深远的影响。

一、父亲的格局决定孩子的高度

俗话说：一个好父亲，胜过一百个好老师。父亲在孩子成长过程中扮演着独特且重要的角色。

比起从小缺少父亲陪伴的孩子，在父亲的陪伴与教育下成长的孩子各方面的优势都很明显，会更加乐观、开朗、自信、上进。

父亲意志坚定，孩子就学会了百折不挠；

父亲勇敢独立，孩子就学会了坚强无畏；

父亲胸怀宽广，孩子就学会了大度包容；

父亲是非分明，孩子就学会了坚持原则……

榜样的力量是巨大的。正如教育家苏霍姆林斯基所言：每个父亲都是使者，只有使者不断进修，端正自己的观念和品行，所培养出的孩子才能自立于人群之中。

在一个家庭中，父亲是孩子最好的榜样，也是最好的教育资源。每个男人都可能成为父亲,但不是每个父亲都有能力成为一个好父亲。成功的孩子背后,往往站着成功的父亲,给孩子树立优秀的榜样,建立远大的格局。

父亲是孩子思想的启蒙者,父亲是孩子人格的塑造者,父亲是孩子理智的修为者,父亲是孩子人生的导航者,父亲是孩子行为的引导者,父亲是孩子环境的创造者。

父亲在家庭教育中起着一种"主干"的作用,目标是建立家庭教育的"主心骨",实现孩子生命向高处的充分伸展。父亲往往代表着刚毅、坚决、理性的形象,是帮助孩子设定规划和明确界限的关键角色。特别是对于男孩来说,父亲象征着力量,具有威严、勇敢、进取、拼搏等个性特征。父亲加入家庭教育当中,能让男孩学习和模仿男性的语言和行为,培养男子气概;而女孩也会受父亲独立、进取等个性特征的影响。父亲更爱与孩子玩闹,对孩子的推动作用更大。家庭中父亲对母亲的爱能够形象地向孩子展示男性在家庭生活中的作用和担当。

二、母亲的情绪决定孩子的命运

如果说父亲是家庭中的掌舵者、领导人,那么母亲则是一个家庭的调节阀、供氧机。对于孩子来说,父亲是最信任的人,母亲就是最依赖的人,孩子最大的安全感来自母亲。

在孩子很小的时候,母亲就要给予充分的爱,让孩子体会到安全感,从而产生对他人、对世界的信任。

母亲喜怒无常,孩子就恐惧担忧;

母亲怨天尤人,孩子就郁郁寡欢;

母亲温和慈祥,孩子就乐观温暖;

母亲宽容大度,孩子就有同理心。

母亲决定一个家的温度,更在潜移默化中决定着孩子的人性温度。

母亲在家庭教育中起着一种"叶根"的作用,目标是达到生命的滋润、丰满。母亲往往代表着温暖、体贴、感性的形象,在孩子的成长过程中,母亲是孩子品格的灌输和情感倾诉的对象。

儿童的最大心理需求是母爱。充分发挥母爱的教育作用,对增进儿童的心理健康具有重要意义。但母爱过度,变成娇宠溺爱、姑息纵容,则容易使儿童形成种种不健康心理,如依赖、撒娇、任性、固执、骄横、缺乏自制力、适应能力差等。母爱忽冷忽热,容易使儿童情绪不稳定,性格多疑。

三、父母双方的教育让孩子同时感受到慈爱与尊严,并拥有完整的人性

养育孩子是父母双方共同的责任和义务,父母在家庭中扮演着不同的角色。理想的家庭教育是父母双方都能参与其中,彼此同心,认识统一,然后结合彼此的优势、兴趣、时间等来分工协作、高效陪伴,共同把握好家庭这艘大船的航向。

父爱如山,父亲这座"山"能给孩子权威感、约束感和纪律感,父爱缺失的孩子相对缺乏纪律教育和监督机会。父亲缺位,会导致子女在信心、勇气、责任心等方面受影响,还会导致孩子产生无力感。对于男孩来说,父亲缺位会让其缺少一个强有力的男性形象作为榜样,从而过分依赖母亲,还会影响到男孩的果断、坚强、勇敢等男性特质。对女孩来说,她们的生命中缺少了一位有力量的男性保护,会使其缺少安全感,对其恋爱、婚姻有非常严重的负面影响。

母爱如水,母爱缺失可能导致孩子内心无法长大,没有安全感,留下的创伤有些是不可逆转的。孩子越小,心理就越脆弱,受到的伤害越难以弥补。母爱的缺失可能会让孩子变得冷漠、冷酷、自私、自利,缺乏同情心和同理心。同时,母亲缺位可能导致孩子缺乏自理能力,丧失爱的能力。另外,母亲越位也是对孩子的一种伤害,孩子缺乏独立生活的能力,无法很好地适应社会和与人和谐共处,甚至无法正常工作和生活,变成"巨婴""妈宝"等。

50

如何相机而教,寓教于日常生活之中?

自有人类生活便有了生活教育,生活教育随着人类生活的变化而变化。"生活即教育"这一理念与人类社会现实生活中的种种是相应的,生活教育就是在生活中受教育,教育在不同生活场景中进行。"生活即教育"是一种终身教育,是与人生共始终的教育。生活是丰富的,在多姿多彩的生活中,孩子无时无刻不在经历着生动而有趣的变化。我们仔细观察就不难发现,生活中自然融合了健康、语言、科学、艺术、社会等多个领域的内容,可以让孩子反复实践,慢慢习得,从而积累生活的经验。

家长要把生活教育作为家庭教育的首要任务,要多关注孩子的生活观念和生活习惯,让孩子在父母的积极影响下爱生活、会生活、懂生活。家庭中的生活教育其实很简单,例如,家人围着桌子一起吃饭、互相交流,父母和孩子一起做饭,鼓励孩子参与家庭劳动等,这些都是生活教育。孩子在与父母的共同就餐、共同劳动中,不仅学习到了用餐礼仪和生活知识,还促进了亲子沟通。

过什么生活便是受什么教育。过好的生活,便是受好的教育,过坏的生活,便是受坏的教育。因此,正确认识生活教育,把握好孩子的年龄特点,注重日常生活中生活环境、孩子动手实践环境的创设,有利于促进每个孩子身心的和谐发展。

一、打造适合儿童的日常生活教育环境

在家庭中,家长可以和孩子一起创设温馨的家庭环境,尤其是儿童房。家长可以带孩子去家居市场,一起选择适合孩子尺寸的家具,例如书桌、椅子。在购买的时候,家长可以多倾听孩子的意愿和想法,鼓励孩子表达个人的意愿,充分尊重孩子的选择。回到家里,家长可以与孩子一起做家具的清洁与打扫,例如擦家具、扫地,都是使用大肢体的动作,锻炼孩子打造环境的能力。与父母合作,搬适合自己的家具,例如地垫,布置温馨的儿童区域,还可以选择自己喜欢的花,布置在家里的某一角,增加生活的甜蜜感,让孩子充满了想要和爸爸妈妈一起布置小家的欲望。让孩子在布置、参与的过程中,在环境的学习中,懂得打造生活环境。家庭中日常生活的教育环境,除了物质环境,还包括精神环境。精神环境是人生活环境的重要组成部分。在日常生活中,儿童需要在相互信任、相互平等、相互尊重的环境中生活,这样的环境会使幼儿感到安全、温暖、宽松和愉快,也只有这样,儿童才能积极主动地活动与学习、探索与创造,从而在日常生活中获得最佳的发展。

二、把握儿童发展敏感期,寻找生活中感兴趣的游戏活动

与孩子一起寻找感兴趣的家庭亲子游戏,3～6岁的孩子会出现各种各样的敏感期,例如动作的敏感期、秩序的敏感期、声音的敏感期、对微小事物产生兴趣等,这些都会让孩子对生活产生浓厚的兴趣。在这个时候,家长就可以和孩子一起,有计划地搜集生活中常见的材料。例如,女孩喜欢漂亮的珠子,将断了线的珠子放在小盘里,加入一根绳子,让孩子练习穿珠子的动作,也许在穿珠子

的过程中,会出现绳子不够或者珠子太少的情况,那我们就要进行材料的筛选,以及数量的控制,鼓励孩子练习,等孩子会穿珠子了,可以加入两种颜色进行练习,增加孩子操作的兴趣,同时增加难度。在练习过程中,锻炼孩子的秩序感、协调性、专注力以及手眼协调的能力。

三、让孩子真正参与到日常生活中

（一）自我照顾

家长可以鼓励孩子学会自我照顾。例如,新的一天开始了,引导孩子自己穿衣服、自己刷牙、自己洗脸、自己穿鞋子等。生活中尽可能放手,相信孩子。当孩子遇到难题时,鼓励孩子学会表达,这个时候,家长可以协助孩子,但不要包办。比如孩子刚开始学习穿衣服时,是比较有难度的,可以协助孩子穿一半,另一半自己试试,循序渐进,让孩子明白,穿衣服是自己的事情,不要依赖成人的帮助,需要自己独立完成。

（二）乘坐公共交通工具

孩子有时会和爸爸妈妈一起乘坐公共交通工具绿色出行,家长可以把卡交给孩子,让孩子自己刷卡。在坐车的过程中,要学会自己保管卡,不让卡丢失,出站下车的时候,继续刷卡,锻炼孩子乘坐交通工具的能力。

（三）购物

去超市买东西的时候,可以鼓励孩子拿自己日常生活中需要的物品,锻炼自己大肌肉的发展,还有手眼协调和选择比较的能力。取好物品后,可以轻轻地放入购物车里,结账的时候,可以尝试自己付账,锻炼孩子简单的计算能力。

（四）家务劳动

父母在做家务的时候,孩子有时会迫切地想要参与进来,这个时候,可以尊重孩子的意愿,鼓励孩子做自己能力范围内的家务,例如扫地、擦桌子、整理自己的书柜、整理玩具区等。生活中的很多事情,家长如果自己默默完成,会让孩子习惯了"衣来伸手饭来张口"的生活。我们应该顺应孩子的意愿,鼓励孩子,让孩子在处理生活小事中学会成长。

51

如何理解言传身教
在家庭教育中的重要性？

《家庭教育促进法》第十七条规定：

> 未成年人的父母或者其他监护人实施家庭教育，应当关注未成年人的生理、心理、智力发展状况，尊重其参与相关家庭事务和发表意见的权利，合理运用以下方式方法：
>
> ……
>
> （四）潜移默化，言传与身教相结合。
>
> ……

言传是用言语讲解、传授；身教是以行动示范。言传身教是既用言语来教导，又用行动来示范。孩子从小是看着父母的。《说文解字》有言："教，上所施，下所效也。"这句话用在家庭教育中，"上"就是父母长辈，"下"就是晚辈子女，上面怎么做下面就会怎么效仿，古今中外无不如此，尤其是在道德上，父母影响孩子最大。

父母在教育孩子之前，需要深刻领会教育的本质，改正自己不正确的理念，给予孩子正向的影响。父母在教育孩子的时候需要先做好自己，培养好的家风，孝顺父母，夫妻恩爱，亲朋友善，让孩子感受到父母给予的温暖、力量、能力和尊重。树立"德行在先,才能在后"的理念,给予孩子正确的人生思想和价值观,并要以身作则,率先垂范,这样孩子未来才会有七彩人生。

家庭教育的特点是"不教而教,不学而学"。例如,父母带孩子上街,与路人相撞,父母是与人争执,还是与人谦让? 父母虽然不是在"教"孩子如何为人处世,但已是"不教"而"教"。孩子在一旁仿佛心不在焉,已然"不学"而"学"。今后,孩子遇到类似事情,会效仿父母采取的态度和方法。有一首编译的小诗《当你以为我未留意的时候》就是以子女的口吻讲述家庭教育的这个特点:"当你以为我未留意的时候,我看见你为生病的朋友送去亲手做的饭菜,从此我懂得了我们都要相互关爱的道理……当你以为我未留意的时候,我学会了人生中应该懂得的大部分课程,它们能使我在长大后成为善良、有为之人。"

52

为什么要严慈相济？

《家庭教育促进法》第十七条规定：

> 未成年人的父母或者其他监护人实施家庭教育，应当关注未成年人的生理、心理、智力发展状况，尊重其参与相关家庭事务和发表意见的权利，合理运用以下方式方法：
>
> ……
>
> （五）严慈相济，关心爱护与严格要求并重。
>
> ……

一、严格适度，慈爱合理

在我国历史上，人们在与外人讲话时对自己的父亲一般可称为"家严""严父"或简称为"严"，对自己的母亲一般可称为"家慈""慈母"或简称"慈"。严，即严厉，含威严之意。慈，即仁慈，含恻隐之意。家庭教育中的严慈相济，既指父母亲的相互配合，又指严格要求与慈爱的相互交融。关心爱护与严格要求并重。严慈相济是家庭教育成功的基本奥秘。《颜氏家训·教子篇》中提到："父子之严，不可以狎；骨肉之爱，不可以简。简则慈孝不接，狎则怠慢生焉。"父母与孩子之间的关系要严肃,不能放纵不端;父母对孩子也要关爱,不能太过懈怠。懈怠会让父母与孩子之间的关系疏远,父母对孩子不够关心慈爱,孩子对父母也难以孝顺尊敬;而宠溺太过则容易让孩子产生怠慢无礼之心,从而对父母自然也难有尊敬之情。这就是颜之推对于父母如何做到严格适度、慈爱合理的家教方法。

二、严慈相济

严不是凶狠粗暴,而是教育的立场和态度要坚定,明确底线。

慈不是溺爱妥协,而是理性和善,对待孩子有耐心、有爱意。

严慈相济的家庭教育是指家里父母管教孩子既要慈祥温和,又要严加管束坚持原则。对待孩子要更多鼓励和赞许,使他增强信心。又要严加要求,不能恣意纵容。过于溺爱孩子会使孩子是非不分,道德沦丧;而过于严格又会使孩子不自信或者产生逆反。所以严慈相济就是在鼓励孩子的同时不过分纵容溺爱孩子,给孩子好的教育和引导。严与慈是需要相互结合的。

53

不同年龄段的未成年人有什么特点？

《家庭教育促进法》第十七条规定：

> 未成年人的父母或者其他监护人实施家庭教育，应当关注未成年人的生理、心理、智力发展状况，尊重其参与相关家庭事务和发表意见的权利，合理运用以下方式方法：
>
> ……
>
> （六）尊重差异，根据年龄和个性特点进行科学引导。
>
> ……

一、1～3 岁

1～3 岁的孩子，大脑的重量增至 900～1000 克（成人大脑重量一般为 1400 克左右）。他们已经能独立行走，手部的动作也有了明显的发展，他们可以独自吃饭、玩耍。3 岁儿童已开始有了自我意识，能够分清楚"你、我、他"。在这个时期，孩子开始有意识地去探索世界。这个阶段良好的亲子陪伴有利于建立孩子的安全感。

（一）动作发展

幼儿逐渐学会行走，2 岁以后能跑、跳、爬、越过小障碍物、上下楼梯。到了 3 岁时，还学会了独脚跳等比较复杂的动作。

（二）言语发展

已经能够理解成人对他讲的话，3 岁可以说一些简单的句子和复合句，会看图讲故事，唱儿歌等。

（三）认知能力的发展

在视觉方面已能分辨黄、红、绿、蓝等不同颜色。在空间知觉方面已能辨别上、下、远、近。已能使用早上、晚上的时间概念。记忆为无意识记忆，能维持几个月时间。

（四）情绪和情感的发展

基本具备了各种情绪，并开始有了较复杂的情感体验，如愉快、同情感，也会产生和发展一些不良情绪。此时期幼儿的情绪、情感很不稳定，诸如破涕为笑等情感的瞬间变化是比较常见的。

（五）意志和个性特征

这个时期幼儿的意志已开始发展，如什么都要求"自己来"，而不愿接受成人的帮助。但是，这一时期幼儿的意志稳定还是很差的，以冲动性行为为主。个性特征开始萌芽。

二、4～6 岁

4～6 岁是儿童智力、思维和语言发展的重要时期，也是培养好习惯的黄金时期。小孩大脑重量已达到 1000～1300 克，这是脑功能健全发展的保证。

（一）自控能力增强

随着大脑皮质的发展，孩子知道约束自己不对的行为，但时间不能太长，所以要理解孩子。

（二）言语发展

在内控能力、理解能力、感受能力等相关因素的协同作用下，孩子不仅能够接受别人的言语来调节自己的行为,而且还可以通过自己的言语(自言自语)来调整自己的行为。

(三)理解能力和想象能力

信息来源增多,不断刺激脑神经,会让儿童产生学习与模仿的动机。提问题是良好的学习方式,在与成人的一问一答中,儿童对语言及事物的理解能力得到锻炼。

(四)意志得到发展

"自己来"是意志行动开始发展的标志,这个时期应该对孩子进行正面管教,多鼓励,不能恶语相待。要锻炼孩子的意志力。

三、7~12 岁

学龄期孩子的心理最为复杂,也是孩子心理发展极为不稳定的一个阶段,他们好奇心重,渴望了解各种知识。此时是培养孩子想象力、创造力、思维能力的关键阶段。

(一)认知特征

进入学龄期的孩子,其认知特点开始由具体转向抽象、由肤浅开始转向高深,逐渐发展。即使到了 11 岁以后,孩子的认知仍然带有很大的具象性。

(二)行为特征

学龄期的孩子有自己的思考,不会盲目冲动,个人行为的自我调节能力有了明显增强。但从总体上来说,孩子行为的果断性和坚持性依然较差,经常在果断中暴露出盲目性,在坚持中表现出依赖性。

(三)个性特征

学龄期是孩子兴趣和爱好的形成阶段,家长们应该多留心这个阶段孩子的个性特点,及时发现孩子的兴趣、爱好,及时对孩子做出正确的引导。

(四)情感特征

主要以学习为主,其大量情绪情感内容与学校生活相联系,很在乎"朋友"这一关系,喜欢冲动,容易开心也容易伤心。

(五)自我意识特征

学龄孩子自我意识更加明确,能意识到自己是一个独立的个体,特别在乎他人对自己的评价,尤其是来自权威人物(主要是教师和父母)的评价。

四、13~18岁

青少年是人生生命循环变化最多的时期。其中初中阶段是孩子成长的关键时期,这个阶段不仅是他们学习知识的黄金时期,也是长身体的最佳时期。

(一)生理变化

体形迅速变化,身高、体重和力量突然增长,大脑和神经系统高度发达,性逐渐成熟等。

(二)心理方面

生理上的成人感和心理上的半成熟状态并存,自发意识、角色认同感建立。关注自己的外貌、体征,不能很好地控制情绪,对性好奇,产生接近异性的欲望。

寻找志趣相同、烦恼相似、性格相近、能相互理解的同辈朋友,与父母的关系从听从到质疑,敢于挑战老师的权威,对自己认同的人表现出尊重,对不认同的人表现出不尊重。

54

未成年人的个性特点包括哪些?

个性特点即个性心理特征,是指人的多种心理特点的一种独特的结合,比较集中地反映了人的心理面貌的独特性、个别性,主要包括能力、气质、性格。其中,能力标志着人在完成某种活动时的潜在可能性上的特征;气质标志着人在进行心理活动时,在强度、速度、稳定性、灵活性等动态性质方面表现出的个体差异性;性格则更是鲜明地显示着人在对现实的态度和与之相适应的行为方式上的个人特征。

个性心理特征的形成具有相对稳定性,例如一个人形成脾气暴躁、性格外向,是需要通过一段时间的了解、看到这个人的一些行为表现,才能够产生这样的评价。

个性心理特征在个性结构中并非孤立存在,它受到个性倾向性的制约。例如,能力和性格在动机、理想等推动作用下形成、稳定或者再变化,也需要依赖于动机和理想等动力机制才能表现出来。两者相互制约、相互作用,使个体表现出时间上和情景中的一贯性,体现个体行为。

一、能力

能力是使人能成功完成某项活动所必须具备的心理特征。它与气质、性格的不同表现在：能力必须通过活动才能体现出来，当然活动也会体现出性格和气质，但完成该项活动所必备的心理特征才是能力。例如，完成一幅绘画作品需要具备色彩鉴别能力、形象思维能力、空间想象能力等不同能力的有机组合。能力并不等同于知识和技能，知识是信息在头脑中的储存，技能是个人掌握的动作方式。解一道数学题时，所用的定义和公式属于知识，解题过程中的思维灵活性和严密性则属于能力。学会骑自行车是一种技能，而在掌握该技能的过程中体现出的灵活性、身体平衡性则是一种能力。能力通常有四种。

（一）模仿能力和创造能力

模仿能力指的是对于既有行为模式模仿复制的能力。创造能力是与发散思维有关的能力，是新的思维组织产生的能力。

（二）流体能力和晶体能力

流体能力指在信息加工和问题解决过程中所表现出的能力，它较少依赖于文化和知识的内容，而决定于个人的禀赋。晶体能力是指获得语言、数学知识的能力。它决定了后天的学习，与社会文化有密切的关系。晶体能力一生都在发展，25岁之后发展速度趋缓。

（三）一般能力和特殊能力

一般能力是一个人在普遍活动中表现出来的能力，如记忆力。特殊能力是人在特殊情况下表现出的能力，如演讲能力。

（四）认知能力、操作能力和社交能力

认知能力是指与认知相关的能力，包括记忆、思维、想象等。操作能力是一个人控制肢体运动的能力。社交能力是指人在社会交往中综合运用的能力。

二、气质

气质是人生来就具有的心理活动的动力特征,可以指个人的性情或脾气,也可以指个人心情随情境变化而随之改变的倾向,亦即个体的反映倾向。

(一)气质是与生俱来的

对于这种先天差异,自从苏联心理学家、生理学家巴甫洛夫论述了高级神经活动的各种特性和判定方法后,研究者大都认同气质的生理基础是神经类型。例如,在婴儿期就存在气质的最直接表现,有的婴儿特别爱哭、脾气急躁,而有的婴儿则安静、轻易不闹。

根据巴甫洛夫的研究,大脑皮质的神经过程(兴奋和抑制)具有三个基本特性:强度、均衡性和灵活性。强度指神经细胞和整个神经系统的工作能力和界限;均衡性指兴奋和抑制两种神经过程间的相对关系;灵活性指兴奋过程更迭的速率。根据这三者的不同表现,巴甫洛夫提出了四种高级神经活动类型,即兴奋型、活泼型、安静型和抑制型,分别对应四种气质类型:胆汁质、多血质、黏液质以及抑郁质。其中,抑郁质神经强度弱,神经系统工作能力弱,也就无所谓其均衡性和灵活性,所以,抑郁性神经在均衡性和灵活性上没有具体的表现。个体的气质类型可以完全处于四种类型中的一类,也可以同时表现出混合型气质类型,如胆汁-多血质类型、抑郁-黏液质类型等。

(二)气质也会随环境和自我控制机制的影响而变化

心理学家 J. 罗尔研究发现,气质中大部分的稳定成分由遗传决定,而其中大部分的变化则由环境造成。环境对气质的影响主要经过复杂的脑机制和自我控制机制形成。在所有控制机制中，自我概念是其中最重要的控制机制，因为个体想成为什么样的人影响其行为表现。

三、性格

性格是个人对现实的稳定态度和习惯化了的行为方式。例如，一个人在任何场合都表现出对人热情、与人为善，这种对人对事的稳定态度和习惯化的行为方式表现出的心理特征就是性格。

性格的特征有：① 性格是一种习惯化的态度和行为方式。一个人偶尔表现的特点不是性格的表现。② 性格主要是后天在与环境的交互作用中形成的。有"环境塑造性格"之说。③ 性格可以在后天发生变化。性格主要在青春期后期渐渐稳定，但也可能因为成人期所遭受的重大事件的影响或者通过主观努力而改变。

性格与气质是两个完全不同的概念，但两者能够相互作用。

首先，它们同时受到神经类型的影响。对气质来说，神经类型是其直接的生理基础，而对性格来说，神经类型只是它的生物基础，性格的养成主要受到后天环境的影响。巴甫洛夫指出，性格是神经类型和后天生活环境形成的合金，即性格具有某种遗传色彩，也显露出后天生活经历的印记。这说明了性格同时具有生物性和社会性的特点。现代认知神经科学的研究发现，尽管神经类型在后天不会发生太多变化，但是，神经的突触却可以由于后天生活中的刺激而发生不同的连接，导致同一神经类型的个体可能具有不同的性格表现。

其次,性格的表述可以从现实生活的表属性词汇中找到。

最后,两者虽然一脉相承,但是,具有类似气质的个体可能由于日后环境的变化而具有完全不同的性格。

所以,气质具有相对稳定性,而性格却可能发生很大的变化。

55

家庭教育为什么要平等交流？

《家庭教育促进法》第十七条规定：

　　未成年人的父母或者其他监护人实施家庭教育，应当关注未成年人的生理、心理、智力发展状况，尊重其参与相关家庭事务和发表意见的权利，合理运用以下方式方法：
　　……
　　（七）平等交流，予以尊重、理解和鼓励。
　　……

一、不平等交流的家庭，问题孩子比较多

（一）暴力型

　　这种教育方式往往发生在父母个人素质较低的家庭。家长缺乏教育子女的有效方法，当孩子在成长过程中出现问题时，除了打骂，让孩子在肉体和心理上受到惩罚之外，没有别的方法可施。结果是越打孩子逆反心理越强，家长和孩子感情越疏远，个别家庭发展到父母和子女无法沟通，甚至骨肉相残的地步，这样的例子并不少见。这是家庭教育的最大失败。数据统计表明，暴力型家庭教

育方式子女成才的比例较低。

（二）独断型

这种教育方式往往发生在父母能力较强、有一定社会地位的家庭。由于父母非常优秀，他们期望自己的孩子比自己更优秀，对孩子抱有极高的期望，认为自己的孩子理所当然地应该比别人的孩子更容易成才。因此，事事按自己的意愿处置，不顾孩子的感受，剥夺了孩子成长的自由。一旦孩子表现不如自己想象的好，就会招来家长的批评和训斥，导致孩子在十分压抑的环境中自信心受挫。当孩子遇到困难时缺乏耐心指导和鼓励，批评太多致使孩子心理压力太大，遇到问题不敢跟家长交流，时间一长，形成恶性循环。独断型家庭里，由于孩子成长受到限制，成才的比例也不太高。

（三）放任型

这种教育方式大多出现在问题家庭。要么是父母工作在外，无法对孩子进行正常照顾，有的把孩子交给爷爷奶奶、姥姥姥爷或者亲戚看管，长辈和亲戚除了对孩子进行一些生活照顾外，无法替代父母的亲情和教育作用。或者是父母离异，相互推诿、逃避教育子女的责任，导致孩子有生无养、有养无教。一旦亲情缺失，孩子失去了心理和情感的依靠，极易导致问题出现。放任型的家庭教育，孩子成才的比例也是很低的。

二、平等交流的家庭，孩子容易成才

与上述三种不同的对待孩子的教育方式是民主型教育。这种教育方式最符合孩子的成长规律，也是一种最有效的家庭教育形式。这样的家庭对孩子的生活和学习非常关心，注意和孩子进行思想和心理的沟通。当孩子遇到问题时,能够耐心倾听孩子的意见和见解,较少采取过激的教育方式。在这种宽松、民主的教育氛围中,孩子才愿意和家长进行心理和情感的沟通,家长才能准确了解孩子的思想和行为动向,从而因势利导地进行教育引导。在民主、平等、和谐的家庭教育氛围中成长起来的孩子成才的比例最高,从小获得尊重、理解和鼓励的孩子长大后幸福感也最强,他们组建家庭以后对待孩子的方式基本也会沿袭民主型方式。

56

父母如何与子女共同成长？

《家庭教育促进法》第十七条规定：

> 未成年人的父母或者其他监护人实施家庭教育,应当关注未成年人的生理、心理、智力发展状况,尊重其参与相关家庭事务和发表意见的权利,合理运用以下方式方法：
>
> ……
>
> （八）相互促进,父母与子女共同成长。
>
> ……

望子成龙、望女成凤是每个家长对孩子的期望,可现实往往不尽如人意。生活中常常听到家长感叹："为什么我为孩子付出了那么多,可孩子还是没有长成我期待的样子,甚至越行越远?"相信这是很多家长共同的困惑,家长们总有种恨铁不成钢的感觉。父母把所有的精力和时间都放在孩子身上,做了很多牺牲,而这种模式下的父母和孩子,往往压力都很大,很难活出各自生命的精彩。

一、父母与孩子共同成长的重要性

现在社会的状况是,往往孩子一出生,父母就下意识地觉得自己的成长到了终点,接下来就全身心地投入在培养孩子的道路上,什么都想给孩子。但其实孩子认知世界的方式是由家庭潜移默化影响而来,父母的态度就是他认知世界的方式,如果父母希望孩子努力,那么自己就要很努力。

成为父母,让我们的人生多了一个新的角色,这是责任的体现,但这并不意味着我们的人生画上了句号,所以父母与子女最好的关系是共同成长,哺育和反哺来彼此支持实现自己的人生理想。

家庭教育的实质是父母自己改变,而这种改变的关键就是自觉自愿地与孩子一起成长。这样一个成长过程,既是父母自身发展的需要,又是胜任家庭教育的需要。

一个人走可以走得很快,一群人走才能走得很远。其实,家庭成员的成长也是如此。父母仅仅满足于自己的成长是不够的,甚至仅仅用自身的成长故事、成长榜样影响孩子也是不够的。成长有一个共作效应,有一个生命的成长场。父母与孩子一起阅读、一起锻炼健身、一起走进大自然郊游、一起参观博物馆,不仅能够让孩子拓宽视野、增强体质,自己也会收获满满。父母与孩子在成长的过程中完全是互动的关系。父母的成长会带动孩子的成长,孩子的成长也会促进父母的成长。抚养孩子并不仅仅是父母的任务,也是父母精神生命第二次发育的最佳时机。对孩子的抚育过程,是父母对自身成长历程的一种折射。俗话说"家家有本难念的经",没有人有完美的人生,每个人的童年生活都有不同的伤痛,这些伤痛如果处理不当,就会在不知不觉中积累起来,最后成为拦路的巨石。如果父母能够用心梳理孩子的教育问题,就能回顾和化解自己成长中出现的问题,就能实现精神生命的第二次发育。

二、父母和孩子共同成长的关键

（一）接受自己的"不完美"，也包容孩子的"不完美"

金无足赤，人无完人。家长也会犯错，当家长犯错时，要勇敢承认并改正。这样孩子犯错时，也会学着家长的态度认错改错。有一类家长，对孩子尽职尽责，百般呵护，学习各种育儿方法，一旦在教育孩子过程中有任何疏漏，如因工作陪不了孩子或忍不住对孩子发脾气了，就会好几天处于自责、懊悔之中。

家长过于追求完美，神经紧绷，患得患失的状态会削弱自己成长的动力，而这样的状态也会传递到孩子身上，成为影响孩子成长的阻力。

家长的"不完美"会锻炼孩子适应能力和自我调节能力。比起追求完美，家长松弛、笃定、保持学习和进步的状态，更利于孩子的成长。

（二）管理好情绪，理性引导孩子

每个人都有情绪，不同的是有的人会管理、会调节。很多家长在教育孩子的过程中难免发脾气。每当孩子表现得不好、考试成绩不理想、调皮捣蛋惹麻烦的时候，家长很容易压制不住心中的怒火，指责、批评孩子。

而在父母怒火下成长的孩子，一方面感到恐惧不安，没办法集中注意力探索自我成长；另一方面得不到有效的指导，从而感到迷茫，不知道如何改变。

只有当父母学会控制情绪，理性客观地思考问题，去了解孩子发生了什么，孩子想要什么，自己为什么会有激动的情绪，才能更好地了解自己，同时给孩子真正有效的帮助和引导。

（三）跟随孩子的节奏，走进孩子的世界

我们为什么要生孩子？一个很美好的回答是："为了参与一个生命的成长。"参与，意味着跟随孩子的成长节奏，站在孩子的角度，去感受、理解他的情绪和想法；尊重孩子，与孩子平视，蹲下来和孩子一起看世界。

家长在陪伴孩子的过程中，有的时候不妨慢下来，少一些催促，让孩子充分按照自己的节奏去探索和体验，比如花一下午的时间玩积木、在路上观察一只蜗牛、捡拾秋天的落叶……慢下来，跟着孩子的脚步，家长的心灵也会得到滋养。

（四）关注自我的学习和提升

很多家长有了孩子后，目光总在孩子身上，给孩子布置任务、提出要求，却忘记了自己的人生课题和目标。放弃了自我成长的父母，容易把自己对人生的期待转移到孩子身上，于是喜欢控制孩子，安排孩子的人生。放弃自我成长的父母也容易把对生活现状的不满发泄到孩子身上，朝孩子发脾气。

这对父母和孩子的成长都是不利的。因此，父母在教育孩子的过程中，也要关注自身的学习和提升，这不仅是对自己的人生负责，也是用身教的力量给孩子带来积极的影响。比如，当你闲暇时看一本好书，孩子也会拿起自己的绘本看起来。

三、共同成长的本质

（一）从自然、社会、精神生命实现与孩子的共同成长

如果把人的生命分为自然生命、社会生命和精神生命三个维度的话，三重生命之间应该是互相联系、互相制约、辩证统一的关系。从一定程度上来说，人一生的成长，就像筑造一座金字塔，以

自然生命之长、社会生命之宽为底座,底座越牢固越庞大,精神生命之高则越可能坚不可摧。自然生命之长强调延续存在的时间,社会生命之宽重在丰富当下的经验,精神生命之高则追求历久弥新的品质。长、宽、高三者的立体构筑,构成了生命这一"容器"的容量。家长要学会在这三重维度上,实现与孩子的共同成长。

（二）父母与孩子相互促进

当今时代,社会变迁速度异常之快,不仅未成年人面临着发展问题,成年人也面临着完善自我、迎接社会选择的挑战,面临着一个学习与接受继续教育的问题。面对未来尚不知晓的世界,成人已难以告诉孩子这是什么,那是什么。或许孩子不懂的,成人也不懂,成人懂的,孩子亦已明了。父母与孩子的共同成长实际上是在强调一个交流的过程,一方面,成年人将自己所走过的成长道路展示给孩子,作为一种可供参照的经验和教训;另一方面,孩子以其对新事物的敏感和快速接受的实践,为成年人适应当代社会提供中介和桥梁。

父母天生就会当父母吗?

《家庭教育促进法》第十八条规定:

> 未成年人的父母或者其他监护人应当树立正确的家庭教育理念,自觉学习家庭教育知识,在孕期和未成年人进入婴幼儿照护服务机构、幼儿园、中小学校等重要时段进行有针对性的学习,掌握科学的家庭教育方法,提高家庭教育的能力。

一、父母天生的优越感导致的非正常表现

第一次做父母跟刚毕业新上岗的员工状况差不多,有些父母会觉得自己初来乍到,应该多多学习争取进步;而有的父母却有一种天然的莫名其妙的优越感,觉得"反正这是我生的",潜台词就是我想怎么对待就怎么对待,我想怎么养就怎么养。部分父母会出现一些匪夷所思的表现,值得反省思考。

（一）不懂得认错

在长期教育孩子的过程中,父母会不知不觉陷入一个误区——我做什么都是对的,都是为了孩子好。这种错误认识导致的后果在孩子 12 岁之前表现得并不算很明显,然而孩子一旦到了

叛逆期，争端就会锐化。

此时的孩子已经有了独立思考能力，不再觉得父母无所不能，如果父母还是强行想将自己所有的行为都说成对的，孩子就会开始抵触，而父母又不反思认错，孩子心底那种对父母的天然认同感会发生动摇。

（二）将自己实现不了的期望寄托在孩子身上

人的能动性是有限的，我们终其一生能够实现的愿望都是在自己能力范围内的，剩下那些实现不了的就叫作遗憾。没有人的人生没有遗憾，这个世界并不完美，我们需要跟自己的遗憾和解，明白自己并不是无所不能的，在自己的能力范围内做到最好，这样反而能令我们心态健康，生活积极。

然而有些父母并未意识到这一点，反而将自己的遗憾嫁接到孩子身上，不管孩子愿意不愿意，只以"为你好"之名来"绑架"孩子。

（三）失去了营造快乐氛围的能力

有人在成为父母之前，是有着人格魅力的个体，一旦成为父母之后，却很容易失去自己原本处理事情的方式，与孩子的沟通会变成教导和命令，甚至变成无休止的指责。对于子女来说，这种家庭失去了归属感和安全感。

二、模仿祖父母辈试图控制孩子

很多父母都没有系统地学习过家庭教育知识，仅仅从自己的父母身上借鉴一点经验，但这是远远不够的。祖父母辈总会将孩子当作"自己身上掉下来的一块肉""全家的希望"，这种思想无形中催生了对孩子的掌控欲——从孩子出生的那一刻起，他们就不承认孩子是存在于世上的独立个体,而是带着定制的框架去认识孩子、期待孩子、想象孩子,在潜意识推动下,父母会陷入一个迷局,而这个迷局最集中的表现就是试图控制孩子。

三、学习家庭教育知识的重要性

俗话说:"常恐自己无远见,误我儿女一生。"做父母的要以身作则,终身成长,做孩子成长路上的引路人。古人云:"人生至乐,无如读书;至要,无如教子。""爱其子而不教,犹为不爱也;教而不以善,犹为不教也。"作为父母,陪伴孩子成长的历程,其实就是一个又一个抉择的过程。这些抉择受家长本身持有的教育理念的影响。这些理念一部分来自家长过去的人生经验,一部分来自家长所接触到的社会资源对他们的影响。我们不能保证自己过去的人生经验是绝对正确的,这些经验只代表过去,用过去指导未来,不一定安全。家庭教育成功与否,凭借的是父母所持有的教育理念的高度。现代的家长在子女教育理念的储备上是远远不够的。

人的认知有一种惯性,人很难发现自己的理念是有漏洞的,除非学习过正确的理念并且还能够接受它。所以家长只有通过系统的学习,按照所学的去实践,才能做好家庭教育。家长要全面学习家庭教育知识,系统掌握家庭教育的科学理念和方法,自觉地用正确思想、正确方法、正确行动教育引导孩子;不断更新家庭教育观念,坚持立德树人导向,以科学的育儿观、成人观、成才观引导孩子逐渐形成正确的世界观、人生观、价值观,不断提高自身素质,以身作则,时时处处给孩子做榜样,以自身健康的思想、良好的品行影响和帮助孩子养成好思想、好品格、好习惯,做到"家长好好学习,孩子天天向上"。

没有人天生就会当父母，父母需要在生活和工作中不断地学习，逐渐成长。做父母也是需要"上岗证"的，通过培训学习家庭教育方法，给孩子做好的榜样。父母是孩子的"原件"，孩子的问题大多是父母问题的折射，父母常常是孩子问题的最大制造者，同时也是孩子改正错误与缺点的最大障碍。当务之急的不是教育孩子，而是教育父母，没有父母的改变就没有孩子的改变。没有不想学好的孩子，只有不能学好的孩子，没有教育不好的孩子，只有不会教育的父母。

　　苏霍姆林斯基说过："不仅要教育孩子，还要自我教育，而且首先是自我教育，这是非常重要的。"凡是能把孩子培养成一个品格优秀的人，他们首先就是会进行自我教育的人。这样的父母往往有着谦虚的态度，有着长远的目光，有着坚韧的毅力，有着不断学习的行动。

58

家长为什么需要参加学校和社区的家庭教育指导和实践活动？

《家庭教育促进法》第十九条规定：

> 未成年人的父母或者其他监护人应当与中小学校、幼儿园、婴幼儿照护服务机构、社区密切配合，积极参加其提供的公益性家庭教育指导和实践活动，共同促进未成年人健康成长。

全国妇联发布的《第二次全国家庭教育现状调查报告》显示："不知道用什么方法教育孩子"的父母占 47.4％，成为家庭教育四大困难之首；认为"孩子比我强"或"孩子跟我不相上下"的父母超过六成……这些都说明，对于相当数量的家长来说，他们并不了解如何用科学的方法尊重孩子、走近孩子、教育孩子。

很多家长都苦于不知道该如何教育、引导孩子成为一个有正确人生观、价值观的人。父母们面对信息化时代个性化的孩子，感到盲目、茫然、忙碌，没目标、缺方法，人云亦云，忙碌而无序，而解决这些问题的出路就是给家庭教育实施主体提供成长的机会和指导。未成年人的父母或者其他监护人应当与中小学校、幼儿园、婴幼儿照护服务机构、社区密切配合,积极参加其提供的公益性家庭教育指导和实践活动,提高素质,更新家庭教育观念,改革家庭教育方法,增强家庭教育效果,"重视家教,为国树才",共同促进未成年人健康成长。

59

父母分居或者离异的家庭
在家庭教育方面有哪些
需要特别注意的问题？

《家庭教育促进法》第二十条规定：

> 未成年人的父母分居或者离异的，应当相互配合履行家庭教育责任，任何一方不得拒绝或者怠于履行；除法律另有规定外，不得阻碍另一方实施家庭教育。

也就是说，无论家长关系如何，都不得对孩子放任不管，必须履行监护人的家庭教育义务，严格按照《家庭教育促进法》的相关规定履行家庭教育的职责。在单亲家庭中，无论什么样的家庭类型、家庭结构，任何一方都有相互配合履行家庭教育的责任。

正常的家庭中家庭教育都很不容易，家长需要系统学习，呵护孩子成长。在单亲家庭中，父爱或母爱的缺失都会对未成年子女的心理健康及成长造成消极的影响，因此单亲家庭家长不仅要学习家庭教育，双方更要为了孩子的健康成长相互尊重、相互配合。单亲家庭教育孩子特别要注意以下几点。

1. 家长不要向孩子传递单亲家庭不正常的思想，使孩子也认为自己是不正常的。要告诉孩子并让孩子感知到，无论父母是否在一起，父母永远是爱他的。

2. 让不抚养方多探望孩子或父母双方轮流抚养孩子，以利于孩子的成长。在孩子的成长过程中，父爱和母爱都是必不可少的，单亲家庭要努力去满足孩子对父爱、母爱的渴望。

3. 对孩子的关注要适度，避免把孩子当成生活的全部。有的单亲父母把孩子的成长作为生活的全部，忽视了对自己生活的安排，这种过分关注对于孩子来说会增加孩子的心理压力。

4. 对孩子不要有过度的愧疚感，不要用溺爱作为弥补，不要因此觉得孩子可怜，要从小锻炼孩子的独立、坚强，为其进入社会打好基础。让孩子学会承担家庭责任。不要因为孩子失去父爱或母爱就格外地娇惯，要放心大胆地让孩子去做力所能及的事情，让孩子了解家庭的各种情况，必要时可请年龄稍大的孩子参与家庭的重大决策，等等。

5. 多为孩子创设人际交往的环境。针对单亲家庭的孩子性格容易趋向内向和孤僻等特点，让孩子多接触社会，多为孩子创设一些人际交往的机会。

60

委托他人照护未成年人时
如何履行家庭教育责任？

《家庭教育促进法》第二十一条规定：

> 未成年人的父母或者其他监护人依法委托他人代为照护未成年人的，应当与被委托人、未成年人保持联系，定期了解未成年人学习、生活情况和心理状况，与被委托人共同履行家庭教育责任。

《未成年人保护法》第二十二条规定："未成年人的父母或者其他监护人因外出务工等原因在一定期限内不能完全履行监护职责的，应当委托具有照护能力的完全民事行为能力人代为照护；无正当理由的，不得委托他人代为照护。"

《未成年人保护法》第二十三条规定："未成年人的父母或者其他监护人应当及时将委托照护情况书面告知未成年人所在学校、幼儿园和实际居住地的居民委员会、村民委员会，加强和未成年人所在学校、幼儿园的沟通；与未成年人、被委托人至少每周联系和交流一次，了解未成年人的生活、学习、心理等情况，并给予未成年人亲情关爱。"

按照法律规定,父母或者其他监护人依法委托他人照护未成年人,应当定期了解未成年人学习、生活情况和心理状况,与被委托人共同履行家庭教育责任。首先,父母不能随意放弃家庭教育的责任,委托他人照护孩子时,应与被委托人共同履行家庭教育责任;其次,父母不能推诿家庭教育责任,需要与学校、社会共同配合做好家庭教育;最后,照顾未成年人是一件重大的事情,被委托人先要明确责任,愿意为了照顾孩子投入大量的时间和精力,被委托人要切实承担起家庭教育的重任,不能养而不教。

　　父母或者其他监护人以及委托人要特别关注未成年人的心理成长,让孩子感受到爱与尊重,不要让孩子有被抛弃的感觉。多和孩子沟通,赞美和鼓励孩子,关注孩子的精神健康,让孩子能自立、懂担当、乐于付出。

61

为什么要预防未成年人沉迷网络？

《家庭教育促进法》第二十二条规定：

> 未成年人的父母或者其他监护人应当合理安排未成年人学习、休息、娱乐和体育锻炼的时间，避免加重未成年人学习负担，预防未成年人沉迷网络。

未成年人的成长需要健康的精神和心理状态，而网络上信息杂芜，不良的信息可能成为未成年人健康成长的拦路虎和绊脚石。心智不成熟的未成年人也容易被网络吸引，沉迷其中，对其一生都会造成严重的影响。

一、沉迷网络的特征

1. 每天想着上网，千方百计找各种途径上网，脑海中除了上网几乎没有别的想法。比如姑姑家有网络，他就跟妈妈说："妈妈，我要去看姑姑。"其实是想去姑姑家上网。这种孩子会想尽一切办法找到有网络的地方。

2. 不能上网时，孩子会呈现一种烦躁的状态，很难集中精神，保持安静。

3. 孩子在网络世界感觉比现实世界快乐。如果让他选择,他宁愿活在网络世界中。

二、沉迷网络引起的病症及危害

(一)辐射类症状(电脑性皮炎)

专家搜集了大量案例后发现,长期使用计算机可能引起皮肤血液病、坏血病、血小板减少,电脑辐射有诱发细胞癌变、生育能力下降的风险。

(二)眼疾

当下很多孩子的视力不好,跟电子产品使用过度的现状有关。孩子们的眼睛长时间盯在屏幕上,没有时间看蓝天白云,看树木花草,屏幕的蓝光会对视力造成伤害,视力一旦受到伤害,就很难再恢复。

(三)电脑狂躁症

沉迷网络过久会引起心情烦躁、精神紧张、焦躁不安,甚至会诱发癫痫。网络打乱了孩子成长的脚步,破坏了童心。长期沉迷网络的青少年极易内心空虚而患上电脑狂躁症,他们对生活没有热情和耐心,也令父母为其忧心。

(四)肩颈综合征

长期保持一个姿势,承力最大的是脊椎,孩子在学校已经长时间保持低头姿态,放学后又继续面对手机、电脑,从早到晚整个脊椎就没有放松和锻炼的机会。脊椎受到扭曲变形,颈部肩部酸痛,对其健康造成严重的不良影响。

(五)健忘症

孩子长期上网,脑功能开始减弱,会健忘、失眠、迟钝,因为大脑得不到休息。如果人在白天脑细胞活动了一天,晚上脑细胞没有修复的话,后果很严重。久而久之,孩子健忘就会很厉害,学习成绩自然下来了。

除以上特征外,沉迷网络的危害还有胸闷头晕、腕管综合征(俗称"鼠标手")等。

三、网络成瘾很难戒,需要防患于未然

在网络成瘾症状没出现时就要警惕,要把它扼杀在萌芽状态,否则等出现的时候,就非常棘手了。未成年人的父母或者其他监护人应当合理安排未成年人学习、休息、娱乐和体育锻炼的时间,避免加重未成年人学习负担,更要预防未成年人沉迷网络。

62

如何理解未成年人的父母或者其他监护人不得因性别、身体状况、智力等歧视未成年人？

《家庭教育促进法》第二十三条规定：

> 未成年人的父母或者其他监护人不得因性别、身体状况、智力等歧视未成年人，不得实施家庭暴力，不得胁迫、引诱、教唆、纵容、利用未成年人从事违反法律法规和社会公德的活动。

一、歧视及其产生的原因

歧视源于偏见，对他人就某个缺陷、缺点、能力、出身等方面以不平等的眼光对待即为歧视。歧视多带贬义色彩，属于外界因素。

从社会的角度看，歧视是不同利益群体间发生的一种情感反应及行为，歧视一般由歧视方和被歧视方两个利益群体构成。一般情况下，歧视方由于担忧被歧视方对自己的地位、权力、利益、习惯、文化等造成威胁或挑战，而在言论或行为上对被歧视方进行丑化、中伤、隔离甚至伤害。歧视实际上是歧视方在寻找说不出口的理由,使不合理、不合法、不公平、不正义的事情维持下去,达到维护歧视方的地位、权力、利益、习惯、文化的目的。

人出生的时候是平等的,可是随着人们逐渐成熟,观念发生改变,差距也就随之产生,直接原因是认知者群体与认知对象的明显差异及人的排他本能。当遇到差异较大的群体时,因为了解太少、不确定因素太多,人们往往采取逃避的态度。否定是他们的第一反应,这种反应是存在于人们潜意识里的。

二、性别、身体状况、智力歧视

(一)性别歧视

性别是一个囊括了生物学、社会学、心理学等学科的综合概念。一方面,性别指基于人类的男性、女性、间性等,动物的雌、雄、雌雄同体等生物特征的解剖学上的身体差异,即生理性别。另一方面,性别也指基于女性气质、男性气质,或者非二元气质的性别角色划分,即社会性别。也就是说,性别这一概念既有一定的生物学基础,但也有复杂多样的社会学、心理学等人文社会科学基础,并非单纯的"男女二元"概念。

《家庭教育促进法》中的性别歧视主要是指父母或者其他监护人有性别偏好,对未成年人的男女性别不同所造成的差别待遇。不仅包括重男轻女或者重女轻男,还包括在成长过程中,女孩被视为需要被照顾的弱势群体的一种对女性未成年人的歧视,男孩要比女孩承受更多的体罚的一种对男性未成年人的歧视等。性别歧视一直存在的基本原因就是性别刻板印象,另外一个因素是有差别的尊重。

（二）身体状况的歧视

一个人身体的状况大概可分成四类：健康状态、亚健康状态、疾病发作前的前驱状态、病症发作状态。健康状态是指一个人身体上、精神上和社会上完全安宁的状态，不仅仅指没有疾病或体质的衰弱。亚健康状态是指一个人没有达到身心与社会上完全安宁的状态，处在健康与疾病状态之间，刚偏离健康，具有可逆性。疾病发作前的前驱状态是向疾病发作状态发展的前奏。

本法中身体状况的歧视主要是指父母或者其他监护人对未成年人身体缺陷、外貌丑陋、疾病的嫌弃、厌恶和冷暴力行为。

（三）智力歧视

智力是指人认识、理解客观事物并运用知识、经验等解决问题的能力。智力是一种综合的认识方面的心理特性，它包括多个方面，如观察力、记忆力、想象力、分析判断能力、思维能力、应变能力等。

智商是智力商数的简称，是个人智力测验成绩和同年龄被试成绩相比的指数，是衡量个人智力高低的标准。智商低，就是对现实问题的看法、对未知事物的接受、对运用知识解决实际问题的能力比较欠缺。

父母或者其他监护人对未成年人智力歧视，认为孩子不聪明、不懂变通、认死理、显得愚蠢、头脑糊涂、不明事理、智力低下。

三、未成年人的父母或者其他监护人不得因性别、身体状况、智力等歧视未成年人

《宪法》第四十八条第一款明确指出："中华人民共和国妇女在政治的、经济的、文化的、社会的和家庭的生活等各方面享有同男

子平等的权利。"2012 年 11 月中国共产党第十八次全国代表大会中,首次将男女平等作为基本国策写入报告。未成年人的父母或者其他监护人应该尊重未成年人的性别。

每个孩子的出生都是对父母的生命馈赠。性别差异、身体状况、智力差异都不是父母或者其他监护人歧视未成年人的理由,无论未成年人的状况如何,父母或者其他监护人都要承担起家庭教育的责任,把握"立德树人"的教育大方向,把孩子往正确的道路上引领。这样,父母或者其他监护人,在履行养育孩子本职工作的同时,也是在为社会和国家做贡献。

未成年人出现身体状况问题或者智力问题,他在社会上本来就容易受到不公平对待。父母或者其他监护人理应成为他们的避风港。诚然,养育有身体状况问题或者智力问题的孩子需要父母或者其他监护人花更多的时间、精力、金钱、耐心,但是,超额的付出得到的是孩子对父母或者其他监护人更多的依恋,是对父母或者其他监护人心灵的滋养。每个孩子都有其特有的天赋,父母或者其他监护人在陪伴照顾他们的过程中发现其天赋,顺着天赋培养他们,在立德的根基打好以后,树人的成功率会非常高。

63

在家庭教育方面，国家支持
包括哪些实施主体？

《家庭教育促进法》第三章整章内容皆关于国家支持，本章除了国家机关、企业事业单位、群团组织、社会组织、自然人、法人和非法人组织、家庭教育指导机构、家庭教育服务机构等实施主体之外，还对政府部门、政府下设机构等进行了梳理。

一、各级人民政府

1. 中华人民共和国国务院，即中央人民政府，是最高国家权力机关的执行机关，是最高国家行政机关。

2. 省级人民政府，中国省级行政单位是中央人民政府直接管辖的最高一级地方行政区域，目前有省、自治区、直辖市、特别行政区。

有条件的设区的市级人民政府，法条里说明并不是要求所有设区的市应当组织有关部门编写或者采用适合当地实际的家庭教育指导读本，制定相应的家庭教育指导服务工作规范和评估规范，操作上有一定的弹性。

3. 设区的市级人民政府。

4. 县级人民政府。

5.乡级人民政府。

二、教育行政部门、妇女联合会、婚姻登记机构和收养登记机构、儿童福利机构、未成年人救助保护机构、人民法院、民政、卫生健康、市场监督管理等

1.属于政府有关部门的包括教育行政部门、民政、卫生健康。

2.属于同一级民政部门的下属单位的有婚姻登记机构、收养登记机构、儿童福利机构、未成年人救助保护机构。

3.市场监督管理属于政府部门直属机构。

4.法院属于司法机关。一府两院指的是政府、法院、检察院，在法律的设置上，法院、检察院和政府的地位是平等的。

5.妇联属于社会组织。

家庭教育指导大纲的作用是什么？

《家庭教育促进法》第二十四条第一款规定：

> 国务院应当组织有关部门制定、修订并及时颁布全国家庭教育指导大纲。

《家庭教育促进法》实施前，2010年2月，全国妇联、教育部、中央文明办、民政部、卫生部、国家人口计生委、中国关工委联合印发《全国家庭教育指导大纲》。2019年，全国妇联、教育部、中央文明办、民政部、文化和旅游部、国家卫生健康委员会、国家广播电视总局、中国科学技术协会、中国关心下一代工作委员会联合印发了《全国家庭教育指导大纲》（修订）。《家庭教育促进法》出台后，为适应新的法律精神，国务院应当组织有关部门对《全国家庭教育指导大纲》（2019修订版）进行进一步修订。

家庭教育指导大纲的制定和修正，是为了应对家庭教育科学发展的时代需求和家长儿童的需求。在总结多年家庭教育理论和实践经验的基础上，经过深入研究论证，将优秀经验和成功方法总结并推广，以此规范家庭教育，为全国各级各类家庭教育指导服务机构和家庭教育指导者开展家庭教育指导提供重要依据。

65

家庭教育信息化共享服务平台、
网络课堂、服务热线的
作用是什么?

《家庭教育促进法》第二十五条规定:

省级以上人民政府应当组织有关部门统筹建设家庭教育信息化共享服务平台,开设公益性网上家长学校和网络课程,开通服务热线,提供线上家庭教育指导服务。

一、家庭教育信息化共享服务平台

家庭教育信息化共享服务平台可以提供教育课程、教学资源、教育软件等教育信息化服务,帮助家长和学生获取更加高质量、多样化和便捷的教育资源和服务。

二、网络课堂

网络课堂可以提供在线学习平台,帮助学生家长在家里就能参与远程在线学习,实现随时随地学习。

三、服务热线

服务热线可以提供咨询、答疑等服务,帮助学生家长解决教育方面的问题,提高家庭教育的理论和实践水准。

66

是否有必要减轻义务教育阶段学生
作业负担和校外培训负担?

《家庭教育促进法》第二十六条规定:

县级以上地方人民政府应当加强监督管理,减轻义务教育阶段学生作业负担和校外培训负担,畅通学校家庭沟通渠道,推进学校教育和家庭教育相互配合。

为了切实减轻学生过重的课业负担,2021 年 7 月,中共中央办公厅、国务院办公厅印发了《关于进一步减轻义务教育阶段学生作业负担和校外培训负担的意见》。国家为了降低中小学学生考试压力,强化教育教学管理,推动"双减"政策全面落地,教育部要求义务教育学校大幅压减考试次数,不得以任何名义设置重点班,层层压实督导责任。

过重的学业负荷会给学生的生理、心理、社会适应性造成诸多不利影响。因此,将学业负荷控制在一个合理限度内,减轻义务教育阶段学生作业负担和校外培训负担是很有必要的。

是否有必要组织建立家庭教育
指导服务专业队伍？

《家庭教育促进法》第二十七条规定：

> 县级以上地方人民政府及有关部门组织建立家庭教育指导服务专业队伍，加强对专业人员的培养，鼓励社会工作者、志愿者参与家庭教育指导服务工作。

家庭教育是孩子成长和发展的重要组成部分，然而很多家长在亲子教育方面缺乏经验和知识，需要指导和帮助。因此，建立家庭教育指导服务专业队伍可以提供专业的教育指导和支持，帮助家长更好地了解孩子的需求和发展阶段，掌握亲子教育技巧和方法，推动孩子的健康成长和全面发展。

家庭教育指导服务专业队伍不仅可以提供指导建议，还可以为家长提供课程培训、活动策划、亲子交流等多种服务，增强家长对教育的自信心和能力，帮助他们更好地实现亲子共同成长的目标。因此，建立家庭教育指导服务专业队伍有助于我们建立更健康、更幸福的家庭和社会。

68

是否有必要建立家庭教育指导机构?

《家庭教育促进法》第二十八条第一款规定：

　　县级以上地方人民政府可以结合当地实际情况和需要，通过多种途径和方式确定家庭教育指导机构。

《家庭教育促进法》第三十条规定：

　　设区的市、县、乡级人民政府应当结合当地实际采取措施，对留守未成年人和困境未成年人家庭建档立卡，提供生活帮扶、创业就业支持等关爱服务，为留守未成年人和困境未成年人的父母或者其他监护人实施家庭教育创造条件。

　　教育行政部门、妇女联合会应当采取有针对性的措施，为留守未成年人和困境未成年人的父母或者其他监护人实施家庭教育提供服务，引导其积极关注未成年人身心健康状况、加强亲情关爱。

设立家庭教育指导机构,可以为家长提供专业的教育指导服务,帮助他们更好地了解孩子成长过程中面临的问题和挑战;也可以提高家长的教育水平和育儿能力，帮助他们更好地应对孩子的成长和教育需求；更好地普及家庭教育，可以为孩子提供更好的成长环境，帮助他们更好地成长和发展，最终成长为国家需要的优秀人才。

编写或者采用家庭教育指导读本的指导思想是什么？

《家庭教育促进法》第二十四条规定：

> 国务院应当组织有关部门制定、修订并及时颁布全国家庭教育指导大纲。

> 省级人民政府或者有条件的设区的市级人民政府应当组织有关部门编写或者采用适合当地实际的家庭教育指导读本，制定相应的家庭教育指导服务工作规范和评估规范。

从法律条文来看，家庭教育指导读本应以全国家庭教育指导大纲为指导思想，编写或者采用有思想深度又通俗易懂的书籍或者手册。

一、家庭教育指导读本以立德树人为导向

家庭教育指导读本应从家庭教育立德树人的根本任务出发，根据各年龄段未成年人的身心特点，围绕各年龄段未成年人出现的共性问题，帮助家长解决教育中遇到的种种困惑，系统地阐述家庭教育的社会意义、理念、目的、原则、内容和方法，正面引导家长做好自身建设、注重家教家风的建设，促进未成年人的健康成长，打造

家庭及孩子一生的幸福,同时兼顾特殊未成年人的特殊教育。

家庭教育指导读本内容重在引导家长教育未成年人如何做人。家庭教育要从养成良好习惯开始,逐步培育未成年人正确的价值观,培养未成年人热爱党、热爱祖国、热爱人民、热爱中华民族,培育未成年人明礼诚信、勤奋自立、友善助人、孝亲敬老等良好思想品德,增强未成年人法律意识和社会责任感,使未成年人养成好思想、好品德、好习惯、好人格,培养未成年人与他人、与社会、与自然和谐相处的能力。

家庭教育指导读本应突出指导性、实用性、普及性和可操作性,具有地方特色,配有大量生动的案例,使家长在家庭教育过程中碰到类似问题都能够参考借鉴。

二、家庭教育指导读本应包括圣贤经典和家训家规

《家庭教育促进法》的颁布,是大力弘扬中华民族家庭美德的法治体现。中华民族历来重视家庭、家道、家风建设,家和万事兴等传统家庭美德已融入中国人的血脉,是支撑中华民族生生不息、薪火相传的重要精神力量,是家庭建设的宝贵精神财富。

我国自古就特别重视家庭教育,圣贤经典有《弟子规》《孝经》《论语》《大学》《中庸》《孟子》《礼记·学记》等;家训家规有《了凡四训》《诫子书》《朱子治家格言》《颜氏家训》《康熙教子庭训格言》《曾国藩家书》等。此外,《教子有方》《朱子治家格言讲记》《细讲弟子规》《对父母的建议》《周恩来传》《陈嘉庚传》等书籍中也包含了很多家庭教育的内容。

家庭教育指导读本应包括圣贤经典、家训家规以及教育典籍,这里面有传承千年的教育智慧和经验,值得我们学习和借鉴。

70

如何推进学校教育和
家庭教育相互配合?

《家庭教育促进法》第二十六条规定：

> 县级以上地方人民政府应当加强监督管理，减轻义务教育阶段学生作业负担和校外培训负担，畅通学校家庭沟通渠道，推进学校教育和家庭教育相互配合。

教育是一项复杂的系统工程，家庭教育既是家事也是国事。新时期要努力构建德智体美劳全面发展的教育体系，形成更高水平的人才培养体系。社会、政府、学校、家庭，都要从人才强国、民族复兴的战略高度，形成高度共识，重视家庭教育的战略地位和作用，从国家立法、政府职能、教育投入、部门责任、社会分工、宣传舆论等方面，夯实这一奠基工程，使之与学校、社会相互协同、相互融合、相互促进，形成强大的教育合力，形成整体性、系统性、一体化的育人体系。

一、减轻义务教育阶段学生作业负担和校外培训负担

我们看到国家正在进行一场重大的教育改革，不惜一切代

价,推进教育公平,降低学生和家长的焦虑,让教育回归本质。"双减"政策的"减"主要包含两点:一是减轻学生作业负担;二是减轻学生校外培训负担。这两者均需要政府部门加强监督管理。

(一)减轻作业负担

减轻作业负担的措施,包括量化各个年级的作业时间,压减作业总量和时长,要求教师提高作业设计质量,严禁给家长布置或变相布置作业等。

(二)减轻校外培训负担

1. 各地不再审批新的面向义务教育阶段学生的学科类校外培训机构,现有学科类培训机构统一登记为非营利性机构。

2. 学科类培训机构一律不得上市融资,严禁资本化运作。这意味着培训机构没办法做大做强形成垄断,扰乱行业秩序。

3. 校外培训机构不得占用国家法定节假日、休息日及寒暑假期组织学科类培训。《家庭教育促进法》第二十六条这条规定从法律上把休息时间还给了学生。

4. 线上培训机构不得提供和传播"拍照搜题"等不良学习方法。

5. 严禁聘请在境外的外籍人员开展培训活动。

《家庭教育促进法》第二十六条规定可谓有的放矢,让教育回归本质,让学生找回自由,切实减轻了学生校外培训负担。

二、畅通学校家庭沟通渠道

苏霍姆林斯基曾说:"教育的效果取决于学校和家庭的教育影响的一致性。如果没有这种一致性,那么学校的教学和教育过程就会像纸做的房子一样倒塌下来。"

未成年人很大一部分时间都在校园度过,无论学习知识、培养素质,还是陶冶情操、完善人格,学校教育都至关重要。孩子的教育更离不开家庭,家庭教育要与学校教育紧密结合起来。如果责任边界模糊,就会阻碍家校之间的顺利沟通,影响家校共育的效果。

家校共育,关键在"共"。学校和家庭的互相配合程度,影响着孩子的成长和发展。老师应当尽职尽责,担负起教书育人的本职工作。家长也不应忘记"父母是孩子的第一任老师"。学校教育不应当由家庭代劳,同样地,家庭教育也不能一股脑儿地推给学校和老师。相互尊重、相互包容、家校合作、协同育人,才能达到"1+1>2"的效果。那些关注孩子情感的交流、关于教育目的的探讨、关乎成长经历的分享等,都能在老师与家长之间架起一座心意相通的桥梁。家校共育,目标在"育"。家校双方的目标是一致的,都是为了孩子健康成长、全面发展。真正的家校合作,需要学校尽可能地调动学生家长参与学校教育的热情,获得家长对学校管理和发展的认同,也需要家长了解学校的教育教学目标,使家庭教育与学校教育相互配合。

当学校教育与家庭教育有机结合起来,形成合力,教育就会取得良好的效果,而家校合作的基础则是老师,老师与家长的沟通、交流是家校建立良好关系的关键。老师应该和家长一起探讨交换看法,熟识学生特点,了解学生的心理,做到心中有数,对症下药。与此同时,老师还要担当起家长教育顾问的责任,定期与家长交心、协调一致,共同教育学生,使他们能够愉快地学习、健康地成长。只有家长和学校在教育孩子的方式方法上统一思想,教育才能达到事半功倍的效果。

以微信家长群为例,有的家长群成了老师布置任务的地方,有的成了老师疲于应付的"加班群",有的成了家长晒娃炫娃的"攀比群",还有的成了家长盲目点赞老师的"夸夸群"……对于部分家长和老师来说,用于沟通交流的家长群成了"压力群",失去了其家校沟通的本意。一方面,一些家长本身工作节奏快、压力大,却又不得不花费精力盯着家长群,哪怕深夜也不能错过,生怕漏看了信息、漏跟了回复,影响孩子的学习生活;另一方面,班级学生多,学习情况各有不同,老师的时间精力有限,如果逐一回复家长们频繁的询问和要求,也会耽误正常的教学和生活。可见,微信群失去意义实质上是由于家校关系没有理顺,家长与老师的角色没有摆正。

如何与学生家长交往,充分发挥家校合作的力量,来促使学生主动学习呢? 教师应从以下几方面来做:① 提高自身修养,用爱打开心灵之门;② 以时刻关心学生为突破点,赢得家长的充分信任;③ 信任尊重家长,做到胸襟开阔;④ 以平等公正为立足点,架设双方的沟通桥梁;⑤ 以灵活有效的沟通方法为着眼点,根据不同家长的特点采取不同的沟通方式;⑥ 听取家长意见,共商育人良策。

71

如何组织建立家庭教育指导
服务专业队伍？

　　调查发现，大量的家长不知道用什么方法教育孩子，很多家长对于儿童发展、家庭教育知识了解较少，所以他们迫切地需要专业化、系统化的家庭教育指导服务，需要专业的人员对其进行家庭教育指导。但现有家庭教育服务资源匮乏，服务机构缺乏必要的准入机制和专业规范，服务市场混乱，专业素质不高。实际上，有三类人员可以成为家庭教育指导服务专业队伍的成员。

　　一是幼儿园、小学、中学的教师。作为学生的直接教授者，他们是与家长接触最密切的人员，只需经过系统培训，他们会快速学会如何对学生家长进行家庭教育指导。这类培训可提升教师的职业化、专业化能力，推进家校共育。

　　二是社会工作者、志愿者。《家庭教育促进法》第二十七条规定："县级以上地方人民政府及有关部门组织建立家庭教育指导服务专业队伍，加强对专业人员的培养，鼓励社会工作者、志愿者参与家庭教育指导服务工作。"此条款从法律的高度确定了社会工作者、志愿者可以作为一支专业的力量参与到家庭教育指导服务中来。社会工作者、志愿者需要做的就是迅速成长为专业的人员，协助家长提升学习的意愿，获得学习所需的机会、信息和资源，并使这种学习真正产生效果。他们同样需要接受专业培训,学习指导家长进行家庭教育的专业知识、能力。经考核合格后方可加入家庭教育指导服务专业队伍。

三是机构从业人员。有的机构会开展面向家长的家庭教育指导业务,这类人员也需要系统、专业的家庭教育指导培训。

72

如何确定家庭教育指导机构?

《家庭教育促进法》第二十八条第一款规定:

> 县级以上地方人民政府可以结合当地实际情况和需要,通过多种途径和方式确定家庭教育指导机构。

大中小学、幼儿园、课外辅导机构、心理(教育)中心、青少年活动中心、妇童服务机构、社区居委会、婚姻家庭指导中心、家庭服务中心、青少年教育培训机构、社区服务机构、教育服务机构等均可作为家庭教育指导机构。

目前我国师范院校从事家庭教育方向工作的人员比例极少,幼儿园、中小学作为专业的教育机构,开展家庭教育指导具有天然的优势。相较于其他机构,幼儿园、中小学的教职人员,由于受到过专业的培训,更懂得未成年人心理与教育的规律,同时也更了解未成年人的个性和需求,因此他们能够为家长提供适合未成年人个性特点的、有针对性的家庭教育指导。相对于市场上其他家庭教育培训机构而言,幼儿园及中小学开展的家庭教育指导也会更具有公信力和美誉度。但与此同时,幼儿园及中小学教职人员也需要不断拓宽自己的视野和知识架构,学习相关的家庭教育内容,努力成为科学育儿知识的传播者、科学育儿行为的示范者、家长开展家庭教育的引导者。

与此同时,也可面向社会招聘有志于从事家庭(亲子)教育指导职业的社会各界人士以及想通过系统学习了解养育和亲子关系知识的普通家长,组织其参加家庭教育指导师相关培训,并考取证书,经面试合格后组建确定家庭教育指导团队。

73

家庭教育指导机构的业务范围有哪些?

《家庭教育促进法》第二十八条第二款规定:

> 家庭教育指导机构对辖区内社区家长学校、学校家长学校及其他家庭教育指导服务站点进行指导,同时开展家庭教育研究、服务人员队伍建设和培训、公共服务产品研发。

家庭教育指导机构的业务范围主要包括:

1. 对辖区内社区家长学校、学校家长学校及其他家庭教育指导服务站点进行指导;

2. 开展家庭教育研究、服务人员队伍建设和培训、公共服务产品研发;

3. 负责家庭教育指导师的培训;

4. 负责《家庭教育促进法》的宣讲。

家庭教育指导必须是围绕家庭、孩子为中心展开的,它的业务范围涉及婚姻问题、亲子关系、原生家庭、重组家庭、儿童心理等,比如不同年龄阶段孩子的心理特点、夫妻冲突怎么处理、夫妻沟通模式、亲子之间或夫妻之间沟通障碍、青少年心理障碍、如何教育"问题孩子"、孩子厌学怎么办等等。总而言之,就是帮助父母解决亲子和婚姻两大问题。

家庭教育是对家庭所有成员的成长教育,而非很多人理解的"家教"。家庭教育是以促进孩子生命品质发展为核心,全面促进家庭建设与发展的教育活动。

家庭教育的主体差异性明显,关键是如何提供有效的分类服务。《家庭教育促进法》确定父母是家庭教育的第一责任人,但事实上不同家庭履行职责的意愿、知识和能力是不一样的,如何针对家庭的差异性提供不同类型的指导服务是关键。

家庭教育指导机构提供的分类服务是针对家庭特殊需求的个性化服务,可以包括以下几方面。

1. 支持型家庭教育服务。主要是针对履行教育责任存在一定困难的家庭,如家庭结构不完整、知识不足、能力有欠缺,需要支持的家庭,连接信息和资源提供相应服务,提高父母和其他监护人的教育理念与行为。其中,特别要关注一些留守儿童、流动儿童或困境儿童家庭,或者在夫妻分居、离婚和再婚时给予更多的专业指导和支持。

2. 补救型家庭教育服务。对于存在家庭监护或教育不当,未成年人出现一些心理和行为问题,但未导致未成年人权利被严重侵害或出现犯罪行为的家庭,提供家庭辅导、家庭治疗的指导性服务或连接其他专业人士提供社会救助、法律援助、心理治疗、就业支持等相应的服务,缓解家庭教育困境,帮助家庭恢复教育功能。

3. 强制型亲职教育服务。对于因监护缺失、虐待和忽视而导致未成年人的权利被严重侵害或出现未成年人违法犯罪的,由国家司法机关主导,家庭教育指导机构参与,对其父母或其他监护人进行强制亲职教育,要求其参加家庭教育指导学习,更新教育理念,改变教育方式。

74

家庭教育指导机构具有哪些义务？

《家庭教育促进法》第二十九条规定：

> 家庭教育指导机构应当及时向有需求的家庭提供服务。
>
> 对于父母或者其他监护人履行家庭教育责任存在一定困难的家庭，家庭教育指导机构应当根据具体情况，与相关部门协作配合，提供有针对性的服务。

明确家庭教育指导服务机构职责是为了指导和帮助家长更好地开展家庭教育，而不是为未成年人提供学科教育等服务，《家庭教育促进法》特别强调了家庭教育与学校教育的协同作用，家庭教育需要学校教育配合，《家庭教育促进法》颁布实施的目的是要凸显家庭教育与学校教育的差异。家庭教育指导机构可以成为家校之间联系的中介，协助将家庭教育和学校教育整合成一个相互联系的连贯的整体。学校本身就是一个教育的场域，具有教育所应有的一切有利条件，家庭教育指导机构可以善用这些资源以支持家庭教育。与学校传授知识的功能不同，家庭教育指导机构更注重关系的改善，包括未成年人与监护人、教师之间的关系，未成年人之间的关系，家长与教师之间的关系，以及家庭与学校之间的关系。通过关系的改善,以及共识和合作的达成,促进家庭教育与学校教育的协同共进。

家庭教育指导服务机构可以采取建立家长学校等方式,针对不同年龄段未成年人的特点,定期组织公益性家庭教育指导服务和亲子实践活动,并及时联系、督促未成年人的父母或其他监护人提供科学养育指导等家庭教育指导服务。协同政府机构在图书馆、博物馆、文化馆、纪念馆、美术馆、科技馆、体育场馆、青少年宫、儿童活动中心等公共文化服务机构和烈士纪念馆、爱国主义教育基地每年定期开展公益性家庭教育宣传、家庭教育指导服务和实践活动,开发家庭教育类公共文化服务产品。

75

为什么要对留守未成年人和
困境未成年人家庭建档立卡？

《国务院关于加强农村留守儿童关爱保护工作的意见》明确了：留守儿童是指父母双方外出务工或一方外出务工另一方无监护能力、不满十六周岁的未成年人。

《国务院关于加强困境儿童保障工作的意见》明确了：困境儿童包括因家庭贫困导致生活、就医、就学等困难的儿童，因自身残疾导致康复、照料、护理和社会融入等困难的儿童，以及因家庭监护缺失或监护不当遭受虐待、遗弃、意外伤害、不法侵害等导致人身安全受到威胁或侵害的儿童。

对于困境未成年人的界定分为以下几类。

（一）孤儿

指失去父母或查找不到生父母的未满十八周岁的未成年人。

（二）监护人监护缺失的儿童

主要包括：父母双方长期服刑在押或强制戒毒的儿童；父母一方死亡或失踪（人民法院宣判或公安机关证明，下同），另一方因上述情况无法履行抚养义务和监护职责的儿童。

（三）监护人无力履行监护职责的儿童

主要包括：父母双方重残（二级以上残疾，下同）、重病的儿童;父母一方死亡或失踪,另一方因重残或重病无力抚养的儿童。

(四)重残、重病及流浪儿童

主要包括:重残儿童;患重大疾病儿童,包括艾滋病病毒感染、白血病(含再生障碍性贫血、血友病)、先天性心脏病、尿毒症、恶性肿瘤等重大疾病,以及医保政策规定的住院和门诊治疗费用一年中自付部分超过两万元的疾病;长期在外流浪儿童。

(五)其他需要帮助的儿童

包括受侵害和虐待的儿童、单亲家庭儿童、失足未成年人、家庭生活困难的留守儿童等。

亲情缺失、家庭教育缺失是留守儿童、困境儿童的教育中存在的主要问题。

对于留守儿童而言,因为父母不在身边导致的亲情缺失,隔代抚养导致的教育能力和方法的不足,同辈群体中的被边缘化及网络交友不善等问题比较显著。此外,在新媒体盛行的时代,缺少家长约束的留守儿童,容易受到网络不良信息的影响,一部分人沉溺于网络游戏不能自拔,既影响学业也影响到其个人价值观的形成。

对于困境儿童,其家庭教育的严重缺失导致儿童在学习、生活、性格、道德行为以及人身安全等方面容易出现问题,严重者甚至发展到犯罪或被伤害的地步。

为此,《家庭教育促进法》第三十条规定:"设区的市、县、乡级人民政府应当结合当地实际采取措施,对留守未成年人和困境未成年人家庭建档立卡,提供生活帮扶、创业就业支持等关爱服务,为留守未成年人和困境未成年人的父母或者其他监护人实施家庭教育创造条件。"

通过建档立卡,政府能有效地关注和监测留守未成年人和困境未成年人的身心健康、生活、教育、医疗以及安全方面,能及时干预、矫正留守未成年人和困境未成年人生理和心理健康成长,对预防犯罪等一系列社会现象起到很好的防范作用,完善应急处置机制,依法制止社会暴力的发生,避免其遭受社会暴力。在必要时,可以通知并协助村(居)委会、镇政府(街道办事处)或区(市)民政部门将其安置到临时庇护场所、救助管理机构或者福利机构实施保护,避免遭受其他不法侵害、意外伤害。未成年人作为弱势群体,我们要依法制止对他们的侵害行为,并对他们实施保护。

76

哪些部门应当为留守未成年人和困境未成年人的父母或者其他监护人实施家庭教育提供服务？

《家庭教育促进法》第三十条规定：

设区的市、县、乡级人民政府应当结合当地实际采取措施，对留守未成年人和困境未成年人家庭建档立卡，提供生活帮扶、创业就业支持等关爱服务，为留守未成年人和困境未成年人的父母或者其他监护人实施家庭教育创造条件。

教育行政部门、妇女联合会应当采取有针对性的措施，为留守未成年人和困境未成年人的父母或者其他监护人实施家庭教育提供服务，引导其积极关注未成年人身心健康状况、加强亲情关爱。

民政部门的婚姻登记机构、收养登记机构、儿童福利机构、未成年人救助保护机构等结合自身工作，提供家庭教育指导。

首先，家长是困境儿童教育和权益保护的第一责任人，应当主动履行责任和义务。包括学习有关家庭教育、儿童权利、特殊儿童行为指导等方面知识并提高家庭教育能力，为困境儿童提供安全保障、教育机会、家庭及社会参与机会,定期与困境儿童沟通并了解其困难和需求等义务。不履行义务的家长应受到相应的法律制裁。

其次,政府要建立困境儿童关爱机制。对家庭无法实施监护或监护存在困难的困境儿童,政府可直接履行监护教育职责。如对于父母服刑的儿童,政府可以直接履行职责而不是将家庭教育指导责任直接推给亲属;对于已实施监护但有困难的困境家庭,根据实际情况进行帮扶等。

政府要调动一切资源保障困境儿童接受家庭教育的合法权益。比如明确规定教育行政部门应监督学校办好家长学校等组织;妇联应承担沟通社会组织的媒介职责,同时为困境家庭提供针对性的家庭教育指导服务;民政部门应承担困境儿童,特别是流浪儿童、留守儿童临时监护教育职责;未成年人救助机构对流浪乞讨等困境未成年人应履行临时监护的职责,并为其提供心理疏导和家庭教育等服务,保障困境儿童能接受专业化、常态化的家庭教育指导服务。

再次,学校应为留守儿童和困境儿童家庭提供家庭教育指导服务。对留守儿童和困境儿童所在家庭提供必要的家庭教育指导;健全家庭教育工作制度,将家庭教育指导工作纳入学校工作计划,定期组织留守儿童和困境儿童的家长开展家庭教育活动;监督留守儿童和困境儿童家长的行为,对家长损害留守儿童和困境儿童权益的行为,学校有及时协调、监督和举报的义务。

最后,社会要积极参与留守儿童和困境儿童的家庭教育。鼓励社会和个人通过资源提供、经费保障、配套制度和文化引导等方式积极参与留守和困境儿童的家庭教育。

家庭教育指导机构可以组织营利性教育培训吗？

根据《家庭教育促进法》第三十一条规定：

> 家庭教育指导机构开展家庭教育指导服务活动，不得组织或者变相组织营利性教育培训。

在 2021 年 8 月 13 日举行的记者会上，全国人大常委会法制工作委员会发言人臧铁伟介绍，家庭教育法草案二审稿进一步作出有针对性规定，家庭教育指导服务机构开展家庭教育指导服务活动，不得组织或者变相组织营利性教育培训。同时，草案将公民、法人和非法人组织依法设立的家庭教育服务机构明确为"非营利性家庭教育服务机构"，并对家庭教育服务机构超出许可业务范围的行为规定了处罚。

臧铁伟表示，全国人大常委会高度重视未成年学生作业负担和校外培训负担过重的问题，从立法层面积极施策，帮助学生减轻负担、家长破解焦虑。2020 年修订《未成年人保护法》时，就作出了一些有针对性的规定，例如学校、幼儿园不得与校外培训机构合作为未成年人提供有偿课程辅导等。这些规定对于切实减轻未成年人学习负担、减轻家庭经济压力具有重要意义。

《家庭教育促进法》的制定，旨在帮助家长破解"焦虑"。家庭教育指导服务机构的职责是指导和帮助家长更好地开展家庭教育，而不是为未成年人提供学科教育等服务。

78

婚姻登记机构和收养登记机构
如何提供家庭教育指导?

《家庭教育促进法》第三十二条规定:

> 婚姻登记机构和收养登记机构应当通过现场咨询辅导、播放宣传教育片等形式,向办理婚姻登记、收养登记的当事人宣传家庭教育知识,提供家庭教育指导。

民政部门可将婚姻登记机构作为弘扬中华优秀传统文化的传播教育基地,在结婚登记前对新人进行家庭教育知识培训,举办婚前家庭教育讲座,可针对适婚男女提供至少四小时的婚前家庭教育课程,以培养正确的婚姻观念和家庭教育理念,为其将来为人父母打好基础,促进其家庭美满。民政部门应在结婚登记时进行宣传普及工作,鼓励适婚男女参加培训。具体方式可有以下几种。

1. 在婚姻登记机关设立家庭教育宣传栏,在等候区电视屏幕上滚动播出有关家庭教育宣传片,提醒当事人重视家庭教育,担负起家庭教育第一责任人的责任。

2. 在颁证词中强调重视家庭教育,使当事人在婚后生活中回顾自己的结婚誓言时可以得到警醒。

3. 继续开展婚姻家庭辅导工作,对欲离婚的当事人进行提醒,使他们珍惜婚姻家庭,更要注重孩子的健康成长,把家庭教育放在重要位置。

当然,对婚姻、对家庭的重视,并不是仅仅靠一个承诺、一次宣誓。如何提高婚姻幸福指数,如何提高家庭和谐稳定,需要夫妻双方共同维持。

儿童福利机构、未成年人救助
保护机构如何提供家庭教育指导？

《家庭教育促进法》第三十三条规定：

> 儿童福利机构、未成年人救助保护机构应当对本机构安排的寄养家庭、接受救助保护的未成年人的父母或者其他监护人提供家庭教育指导。

当前中国社会正处于转型期，出现的问题在儿童福利领域表现出不同的特征，主要是流浪儿童、孤儿和弃婴、残疾儿童、大病儿童等群体呈上升趋势。这些群体的共性特征是，靠自身能力很难得到良好教育并实现自我发展。他们的教育和发展问题，应该通过社会福利的途径来解决，主要由儿童福利机构完成，或者通过儿童福利机构，为其选择合适的教育途径。

儿童福利机构、未成年人救助保护机构要根据儿童生长发育规律，开展早期教育、学前教育、义务教育和特殊教育。符合机构外各类学校就学条件的儿童，可进入相关学校就读。根据儿童残疾、智力、能力、兴趣等，儿童福利机构、未成年人救助保护机构要有针对性地进行职业规划的培养，鼓励适宜儿童接受职业教育，协助就业服务。

一是教育未成年人爱党、爱国、爱人民、爱集体、爱社会主义，树立维护国家统一的观念，铸牢中华民族共同体意识，培养家国情怀。

二是教育未成年人崇德向善、尊老爱幼、热爱家庭、勤俭节约、团结互助、诚信友爱、遵纪守法，培养其良好社会公德、家庭美德、个人品德意识和法治意识。

三是帮助未成年人树立正确的成才观，引导其培养广泛兴趣爱好、健康审美追求和良好学习习惯，增强科学探索精神、创新意识和能力。

四是保证未成年人营养均衡、科学运动、睡眠充足、身心愉悦，引导其养成良好生活习惯和行为习惯，促进其身心健康发展。

五是关注未成年人心理健康，教导其珍爱生命，对其进行交通出行、健康上网和防欺凌、防溺水、防诈骗、防拐卖、防性侵等方面的安全知识教育，帮助其掌握安全知识和技能，增强其自我保护的意识和能力。

六是帮助未成年人树立正确的劳动观念，参加力所能及的劳动，提高生活自理能力和独立生活能力，养成吃苦耐劳的优秀品格和热爱劳动的良好习惯。

人民法院如何提供家庭教育指导？

《家庭教育促进法》第三十四条规定：

> 人民法院在审理离婚案件时，应当对有未成年子女的夫妻双方提供家庭教育指导。

近年来，我国离婚人数连年递增，离婚率的逐年升高给社会的稳定带来一定的影响，对未成年人的影响更是不容忽视，而且这种影响是全方位的，包括心理、行为、学业、健康、人际关系等。耶鲁儿童研究中心主任艾伯特说过："离婚是威胁儿童的最严重、最复杂的精神健康危机之一。"

据有关研究表明，这几年城市离婚者中有孩子的夫妻占77.5％，绝大多数的离婚者，为个人未来考虑不想抚育孩子，这使离婚夫妻的子女养育成了一个社会问题。即使父亲或母亲一方抚养了孩子，但孩子被要求由自己决定随父亲或母亲其中一方共同生活时，孩子心灵所承受的痛苦与挣扎是巨大的，因为对他们而言，选择了父亲就要舍弃母亲，选择了母亲就要舍弃父亲，而他们并不愿意做这样的选择。单亲家庭中长大的孩子，会受到较多负面的影响。例如：① 离婚对未成年人智力与学业产生不良影响；

② 离婚本身对未成年人产生心理、情感伤害;③ 离婚对未成年人性格发展产生不良影响;④ 离婚对未成年人身心健康产生不良影响。

这些负面影响肯定会让未成年人在情感认识上产生一些不健全的认识,甚至是偏颇的认识。父母离异的阴影始终影响他们的心理健康,成为他们永久的伤疤,他们的心灵上受到的创伤有很长时间的持续性,难以平息和恢复。

"种树者必培其根,种德者必养其心。"家庭是社会稳定的基石,是人生旅途中温馨的驿站,是事业工作的助推器。古人用"家和万事兴,家齐国安宁"来形容家的重要性,从这点上说婚姻不是儿戏,需要慎重对待。要明白婚姻从表象上是个人行为,从本质上是社会行为。任何一个进入婚姻家庭领域的人,都要从个人行为和社会行为矛盾统一的角度思考和对待婚姻家庭,正确处理家庭关系,实现和谐家庭建设。

妇女联合会如何提供家庭教育指导服务？

《家庭教育促进法》第三十五条规定：

> 妇女联合会发挥妇女在弘扬中华民族家庭美德、树立良好家风等方面的独特作用，宣传普及家庭教育知识，通过家庭教育指导机构、社区家长学校、文明家庭建设等多种渠道组织开展家庭教育实践活动，提供家庭教育指导服务。

做好家庭工作，发挥妇女独特作用，是党中央交给妇联组织的重要任务。"家庭教育促进法"赋予了妇联组织与教育行政部门共同作为法律执行主要责任主体的地位，从不同角度规定了妇联组织做好家庭教育促进工作的法定责任。

《家庭教育促进法》第六条第二款规定明确了妇联组织两方面的重要职责：一方面，妇联组织与教育行政部门要承担统筹协调社会资源，协同推进覆盖城乡的家庭教育指导服务体系建设的责任。建设覆盖城乡的家庭教育指导服务体系，是人民群众和广大家庭的热切期盼，也是《家庭教育促进法》赋予妇联组织和教育行政部门的重要任务。妇联组织需要与教育行政部门建立分工协作机制，以协同推进覆盖城乡的家庭教育指导服务体系建设。另一方面，妇联组织与教育行政部门要按照职责分工承担家庭教育工作日常事务的责任。妇联组织承担家庭教育工作日常事务的范围，主要由三方面内容构成。

一是《家庭教育促进法》专门确定由妇联组织承担的职责任务。这类职责任务比较明确，主要规定在《家庭教育促进法》的第六条第二款、第三十条第二款、第三十五条和第四十八条第一款。

二是妇联组织根据章程和有关法律政策确定由其承担的与家庭教育工作相关的职责任务。这类职责任务比较笼统，妇联组织要根据《中华全国妇女联合会章程》《中华人民共和国妇女权益保障法》《中华人民共和国民法典》《中华人民共和国反家庭暴力法》《中华人民共和国未成年人保护法》的有关规定以及妇联组织与法院、检察院等组织建立的工作机制确定的职责分工开展工作。

三是根据与教育行政部门建立的分工协作机制中确定的职责任务。这类职责任务集中于履行实施《家庭教育促进法》的主体责任，包括但不限于：推动、组织下发学习宣传贯彻本法的通知或指导意见；推动地方制定本法的实施办法、相关条例和地方政策；推动、组织编写相关读物，开发家庭教育公共服务产品；推动和利用各类宣传平台开展《家庭教育促进法》和家教知识的宣传教育；推动、组织开展家庭教育服务人员培训；开设公益性网上家长学校和网络课程，开通服务热线，提供线上家庭教育指导服务；通过家庭教育指导机构、社区家长学校、文明家庭建设等多种渠道组织开展家庭教育实践活动，提供家庭教育指导服务；指导管理家庭教育指导、服务机构；制定家庭教育服务规范；制定家庭教育指导服务工作规范和评估规范;指导家庭教育指导机构做好指导辖区内的社区家长学校、学校家长学校及其他家庭教育服务站点工作等。

《家庭教育促进法》第三十条第二款规定明确了妇联组织为特定人群实施家庭教育提供服务的责任。服务的主要对象是留守未成年人和困境未成年人的父母或者其他监护人,服务的措施内容要有针对性。例如,对留守未成年人的父母或者其他监护人,要重点帮助其掌握对未成年子女实施家庭教育和了解孩子生活、学习、心理等情况的途径和手段,帮助留守未成年人通过电话、视频等方式加强与父母的情感联系和亲情交流;异地妇联组织加强联系沟通,增加有特殊需求的留守儿童与其父母在不同地域获取指导服务的渠道;发现留守未成年人的心理、行为异常后,及时通知家长,共同采取干预措施等;对于困境未成年人,要根据孤儿、自身困境未成年人、家庭困境未成年人、安全困境未成年人和临时困境未成年人的不同情况,采取相应的指导服务措施,并与社会救助有机结合,给困境未成年人以亲情关爱、生活照顾扶助。

《家庭教育促进法》第三十五条规定明确了妇联组织引领广大妇女发挥独特作用的责任。妇联组织作为党和政府联系妇女群众的纽带与桥梁,在新时代担负着团结引导各族各界妇女听党话、跟党走的政治责任,要深入学习领会习近平总书记关于注重家庭家教家风建设的重要论述,以推动社会主义核心价值观在家庭落地生根,以培养担当民族复兴大任时代新人为根本任务,以实施《家庭教育促进法》为抓手,以高质量的家庭工作,引领广大妇女在弘扬中华民族家庭美德、树立良好家风等方面发挥独特作用,带动家庭成员践行新时代家庭观,让新时代家庭观成为亿万家庭日用而不觉的道德规范和行为准则。

《家庭教育促进法》第四十八条第一款规定明确了妇联组织进行家庭教育指导、督促的责任。妇联组织一方面可以通过家庭教育指导机构、社区家长学校、文明家庭建设等多种渠道组织开展家庭教育实践活动,提供家庭教育指导服务。另一方面在发现父母或者其他监护人以及受托人拒绝、怠于履行家庭教育责任,或者非法阻碍其他监护人实施家庭教育时,应当予以批评教育、劝诫制止,必要时督促其接受家庭教育指导。

自然人、法人和非法人组织是否可以依法设立非营利性家庭教育服务机构？

《家庭教育促进法》第三十六条第一款规定：

　　自然人、法人和非法人组织可以依法设立非营利性家庭教育服务机构。

　　这一规定进一步体现了国家对家庭教育服务工作的态度，从多方面扶持、鼓励、促进家庭教育工作的开展与落实。

　　法人是具有民事权利能力和民事行为能力，依法独立享有民事权利和承担民事义务的组织。法人的本质是法人能够与自然人同样具有民事权利能力，成为享有权利、负担义务的民事主体。《民法典》以法人成立目的的不同为标准，将法人分为营利法人、非营利法人和特别法人。

　　《民法典》第八十七条规定：

　　为公益目的或者其他非营利目的成立，不向出资人、设立人或者会员分配所取得利润的法人，为非营利法人。

非营利法人包括事业单位、社会团体、基金会、社会服务机构等。法人成立的条件有以下几条。

1. 须有设立行为。法人必须经过设立人的设立行为才可能成立。

2. 须符合设立的要求：① 法人要有自己的名称,确定自己法人人格的文字标识；② 要有能够进行经营活动的组织机构；③ 必须有自己固定的住所；④ 须有必要的财产或者经费,能够进行必要的经营活动和承担民事责任。

3. 须有法律依据或经主管机关批准。中国的法人设立不采取自由设立主义,凡是成立法人,均须依据相关的法律。

4. 须经登记。法人的设立,原则上均须经过登记方能取得法人资格。机关法人成立不须登记。事业单位法人和社会团体法人,除法律规定不需要登记的外,也要办理登记。成立法人,须完成以上条件才能够取得法人资格。

一般来说,非营利法人具有以下特点。

1. 非营利主要是指目的上的非营利,至于该类法人在日常运行中开展了某些营利性活动,甚至从中获取了营利收入,并不影响其作为非营利法人的性质。

2. 为公益目的成立的非营利法人终止时,不得向出资人、设立人或者会员分配剩余财产。

3. 剩余财产应当按照法人章程的规定或者权力机构的决议用于公益目的。

4. 无法按照法人章程的规定或者权力机构的决议处理的,由主管机关主持转给宗旨相同或者相近的法人,并向社会公告。

83

县级以上地方人民政府及有关部门
可以采取哪些扶持措施培育
家庭教育服务机构?

《家庭教育促进法》第三十六条第二款规定:

县级以上地方人民政府及有关部门可以采取政府补贴、奖励激励、购买服务等扶持措施,培育家庭教育服务机构。

《家庭教育促进法》第七条规定:

县级以上人民政府应当制定家庭教育工作专项规划,将家庭教育指导服务纳入城乡公共服务体系和政府购买服务目录,将相关经费列入财政预算,鼓励和支持以政府购买服务的方式提供家庭教育指导。

《家庭教育促进法》第八条规定:

人民法院、人民检察院发挥职能作用,配合同级人民政府及其有关部门建立家庭教育工作联动机制,共同做好家庭教育工作。

《家庭教育促进法》第九条规定:

工会、共产主义青年团、残疾人联合会、科学技术协会、关心下一代工作委员会以及居民委员会、村民委员会等应当结合自身工作,积极开展家庭教育工作,为家庭教育提供社会支持。

84

哪些部门需要依法对家庭教育服务机构及从业人员进行指导和监督?

《家庭教育促进法》第三十六条规定:

自然人、法人和非法人组织可以依法设立非营利性家庭教育服务机构。

县级以上地方人民政府及有关部门可以采取政府补贴、奖励激励、购买服务等扶持措施,培育家庭教育服务机构。

教育、民政、卫生健康、市场监督管理等有关部门应当在各自职责范围内,依法对家庭教育服务机构及从业人员进行指导和监督。

家庭教育指导服务机构是整个指导服务体系的基础,通过不同类型的家庭教育指导服务机构,开展规范化、常态化的家庭教育指导服务活动,扩大家庭教育指导服务覆盖率,能够提升家长素质,提高家庭教育质量。从事家庭教育指导活动的机构,包括各级各类家长学校、家庭教育指导服务中心、社会组织等,形成了以家长学校为主体,多种类型指导服务机构共同参与的机构配置格局。相应的政府部门应依据各自职能充分发挥指导与监督的作用。具体体现在以下各法条中。

《家庭教育促进法》第六条规定：

各级人民政府指导家庭教育工作，建立健全家庭学校社会协同育人机制。县级以上人民政府负责妇女儿童工作的机构，组织、协调、指导、督促有关部门做好家庭教育工作。

教育行政部门、妇女联合会统筹协调社会资源，协同推进覆盖城乡的家庭教育指导服务体系建设，并按照职责分工承担家庭教育工作的日常事务。

县级以上精神文明建设部门和县级以上人民政府公安、民政、司法行政、人力资源和社会保障、文化和旅游、卫生健康、市场监督管理、广播电视、体育、新闻出版、网信等有关部门在各自的职责范围内做好家庭教育工作。

《家庭教育促进法》第七条规定：

县级以上人民政府应当制定家庭教育工作专项规划，将家庭教育指导服务纳入城乡公共服务体系和政府购买服务目录，将相关经费列入财政预算，鼓励和支持以政府购买服务的方式提供家庭教育指导。

《家庭教育促进法》第八条规定：

人民法院、人民检察院发挥职能作用，配合同级人民政府及其有关部门建立家庭教育工作联动机制，共同做好家庭教育工作。

《家庭教育促进法》第四十二条规定：

具备条件的中小学校、幼儿园应当在教育行政部门的指导下，为家庭教育指导服务站点开展公益性家庭教育指导服务活动提供支持。

《家庭教育促进法》第四十五条规定：

医疗保健机构在开展婚前保健、孕产期保健、儿童保健、预防接种等服务时，应当对有关成年人、未成年人的父母或者其他监护人开展科学养育知识和婴幼儿早期发展的宣传和指导。

《家庭教育促进法》第四十七条规定：

家庭教育服务机构应当加强自律管理，制定家庭教育服务规范，组织从业人员培训，提高从业人员的业务素质和能力。

《家庭教育促进法》第五十一条规定：

家庭教育指导机构、中小学校、幼儿园、婴幼儿照护服务机构、早期教育服务机构违反本法规定，不履行或者不正确履行家庭教育指导服务职责的,由主管部门责令限期改正;情节严重的,对直接负责的主管人员和其他直接责任人员依法予以处分。

《家庭教育促进法》第五十二条规定:

家庭教育服务机构有下列情形之一的,由主管部门责令限期改正;拒不改正或者情节严重的,由主管部门责令停业整顿、吊销营业执照或者撤销登记:

(一)未依法办理设立手续;

(二)从事超出许可业务范围的行为或作虚假、引人误解宣传,产生不良后果;

(三)侵犯未成年人及其父母或者其他监护人合法权益。

《家庭教育促进法》第四十九条规定:

公安机关、人民检察院、人民法院在办理案件过程中,发现未成年人存在严重不良行为或者实施犯罪行为,或者未成年人的父母或者其他监护人不正确实施家庭教育侵害未成年人合法权益的,根据情况对父母或者其他监护人予以训诫,并可以责令其接受家庭教育指导。

《家庭教育促进法》第三十四条规定:

人民法院在审理离婚案件时,应当对有未成年子女的夫妻双方提供家庭教育指导。

家庭教育从业人员要深入学习经典，努力按照经典修身。没有持续地修身，就没有对文化真正地理解，更无法转化为对孩子、对家长进行正确的、有见地的指导。

85

哪些单位应当将家风建设
纳入单位文化建设？

《家庭教育促进法》第三十七条第一款规定：

> 国家机关、企业事业单位、群团组织、社会组织应当将家
> 风建设纳入单位文化建设，支持职工参加相关的家庭教育服
> 务活动。

广大家庭要弘扬优良家风，以千千万万家庭的好家风支撑起全社会的好风气。特别是各级领导干部要带头抓好家风。《礼记·大学》中说："所谓治国必先齐其家者，其家不可教而能教人者，无之。"领导干部的家风，不仅关系自己的家庭，而且关系党风政风，各级领导干部都要继承和弘扬中华优秀传统文化，继承和弘扬革命前辈的红色家风，向焦裕禄、谷文昌、杨善洲等同志学习，做家风建设的表率，把修身、齐家落到实处。

国家通过法律支持国家机关、企业事业单位、群团组织、社会组织将家风建设纳入单位文化建设，支持职工参加相关的家庭教育服务活动，营造优良的社会风气。

86

职工是否可以参加家庭教育服务活动？

《家庭教育促进法》第三十七条第一款规定：

> 国家机关、企业事业单位、群团组织、社会组织应当将家风建设纳入单位文化建设，支持职工参加相关的家庭教育服务活动。

广大职工是中国特色社会主义事业的重要建设者，同时也是家庭的中坚力量，允许并支持职工参加相关的家庭教育服务活动不仅可以促进职工身心健康，减轻干部职工关于家庭教育方面的压力，让职工安心立足自身岗位，而且对引导全社会注重家庭、家教、家风，增进家庭幸福与社会和谐等方面有重要的意义。

87

哪些创建活动的评选应当将家庭
教育情况作为重要内容？

《家庭教育促进法》第三十七条第二款规定：

　　文明城市、文明村镇、文明单位、文明社区、文明校园和文明家庭等创建活动，应当将家庭教育情况作为重要内容。

　　习近平总书记在会见第一届全国文明家庭代表时指出："家庭是社会的细胞。家庭和睦则社会安定，家庭幸福则社会祥和，家庭文明则社会文明。历史和现实告诉我们，家庭的前途命运同国家和民族的前途命运紧密相连。我们要认识到，千家万户都好，国家才能好，民族才能好。国家富强，民族复兴，人民幸福，不是抽象的，最终要体现在千千万万个家庭都幸福美满上，体现在亿万人民生活不断改善上。同时，我们还要认识到，国家好，民族好，家庭才能好。当前，全党全国各族人民正在实现'两个一百年'奋斗目标、实现中华民族伟大复兴中国梦的新长征路上砥砺前行。只有实现中华民族伟大复兴的中国梦，家庭梦才能梦想成真。"
　　将家庭教育情况作为文明城市、文明村镇、文明单位、文明社区、文明校园和文明家庭等创建活动的重要内容，旨在以各种创建活动为抓手，支持并鼓励各单位职工积极参与，保证家庭教育既做到形式多样，同时也避免流于形式，确保家庭教育落实到位，让家庭幸福梦想成真，最终实现中华民族伟大复兴。

88

社会协同包括哪些单位和部门？

《家庭教育促进法》明确规定,教育行政部门、妇女联合会统筹协调社会资源,协同推进覆盖城乡的家庭教育指导服务体系建设,并按照职责分工承担家庭教育的日常事务。教育、民政、卫生健康、市场监督管理等有关部门应当在各自职责范围内,依法对家庭教育服务机构及从业人员进行指导和监督。具备条件的中小学校、幼儿园应当在教育行政部门的指导下,为家庭教育指导服务站点开展公益性家庭教育指导服务活动提供支持。家庭教育社会协同包括婚姻登记机构、承担妇幼保健工作的医疗卫生服务机构、居民委员会、村民委员会、中小学校、幼儿园、婴幼儿照护服务机构、早期教育服务机构、医疗保健机构、图书馆、博物馆、文化馆、纪念馆、美术馆、科技馆、体育场馆、青少年宫、妇女儿童活动中心等公共文化服务机构和爱国主义教育基地,以及广播、电视、报刊、互联网等新闻媒体等。

居民委员会、村民委员会
如何落实家庭教育?

《家庭教育促进法》第三十八条规定:

居民委员会、村民委员会可以依托城乡社区公共服务设施,设立社区家长学校等家庭教育指导服务站点,配合家庭教育指导机构组织面向居民、村民的家庭教育知识宣传,为未成年人的父母或者其他监护人提供家庭教育指导服务。

居民委员会是居民自我管理、自我教育、自我服务的基层群众性自治组织,是中国人民民主专政和城市基层政权的重要基础,也是党和政府联系人民群众的桥梁和纽带之一,在农村则称为村民委员会。居民委员会、村民委员会作为国家的基层组织,是普及家庭教育的主阵地之一,那么居民委员会、村民委员会如何落实家庭教育? 以下内容可以作为参考。

一、健全机构,加强领导

社区家长学校领导机构可以由以下人员组成:校长、常务副校长、教务长、教师、联络员、家长代表等,并定期召开会议共同商讨社区家长学校事务,组织实施家长学校各项工作。

二、加强指导,培养一支高素质的骨干队伍

这是做好家庭教育工作的重要保证。在居民委员会、村民委员会家庭教育工作中,可以有三个层面的队伍建设:第一层面是专家队伍,根据家庭教育指导工作的需要,社区(村)可以出面聘请专家学者对本地区家庭教育工作实施指导,同时,担当起培养社区(村)家庭教育师资骨干的任务。第二层面是指导员队伍,指导员队伍分为社区、村中小学、幼儿园教师、各居委会(村)妇代会主任、属地医院医生等组成。第三层面是家庭教育志愿者队伍,因地制宜,按照自觉、自愿、就地就近、各尽所能、各展所长的原则,鼓励和吸纳更多的志愿者投入社区(村)家庭教育工作,居委会、村委会工作人员进门入户登门拜访发放家庭教育志愿者登记表,充分发挥"五老"在思想政治文化知识和生活阅历上的优势,形成一支社区(村)家庭教育志愿者队伍。

三、丰富载体,营造氛围

家庭教育作为学校教育和社会教育的基础,其教学内容和方式都有特殊要求,可以针对不同年龄段未成年人家长的不同需求开展形式多样的活动,丰富家庭教育的载体,营造浓郁的教育氛围。

(一)举办讲座

对于家庭教育中的共性问题,社区(村)家庭学校通过开展专题系列培训,向全体家长做宣传。

(二)组织讨论

社区(村)可针对家庭教育中的热点问题组织"亲子俱乐部"

"家长沙龙""焦点论坛""相约茶室""七彩时光"等多种活动,做到内容丰富、形式多样,让更多的家长参与到家庭教育学习中来。

（三）开展咨询

针对家长的不同要求,开展针对性的教育咨询,如对个性的问题进行个别的家庭教育咨询,对私密性的问题,通过热线、电话或网站给予指导。

（四）发放简报

为家长提供成功的家教范例和前沿的家教理念,提高家长的家教理论水平。

（五）组织走访

与家长面对面交流,了解他们的切身需要。

90

中小学校、幼儿园如何落实
家庭教育？

学校的家庭教育指导是指中小学校、幼儿园为提高家长的家庭教育素养而提供的专业性支持服务和引导。家庭教育指导是各级教育行政部门和中小学校、幼儿园的工作职责。中小学校、幼儿园如何落实家庭教育？《家庭教育促进法》第三十九条规定："中小学校、幼儿园应当将家庭教育指导服务纳入工作计划，作为教师业务培训的内容。"

2016 年教育部等九部门联合印发的《关于指导推进家庭教育的五年规划（2016—2020 年）》提出："将家庭教育指导服务作为学校和幼儿园工作的重要任务，纳入师资培训和教师考核工作，指导家长学校做到有师资队伍、有教学计划、有指导教材或大纲、有活动开展、有成效评估。"在 2019 年 6 月中共中央、国务院颁布的《关于深化教育教学改革全面提高义务教育质量的意见》中也明确指出要"实施全员轮训……不断提高教师育德、课堂教学、作业与考试命题设计、实验操作和家庭教育指导等能力"。也就是说，在《家庭教育促进法》出台之前，中共中央、国务院已经把"家庭教育指导能力"作为新时代教师的必备素质提出来了。

为了提升教师的家庭教育指导能力、加强家校合作、促进家庭教育发展,中小学校、幼儿园有必要在多个方面做出努力。

一、实施教师全员培训,强化教师主动指导意识

第一,组织教师学习《关于深化教育教学改革全面提高义务教育质量的意见》和《家庭教育促进法》,提升全体教师承担家庭教育指导任务的意识,明确班主任和任课老师对家长进行家庭教育指导的责任。第二,提供业务培训路径。由区域教师发展指导机构统筹资源,科学、有计划地推进此类培训。结合学校专项培训、教师自主学习,借助社会资源,共同开辟教师家庭教育指导业务培训的可靠路径。切不可完全依托社会机构承担此项职能,必须防止培训流于形式、走过场。第三,规划培训内容是教师家庭教育指导专业化建设的关键。因此,在系统设置教师业务培训内容时,一方面要坚守专业伦理规范,另一方面要提升家教指导胜任力。除了系统掌握家庭教育专门知识外,还要做好家校沟通和个别化的家庭教育指导,提升培训效果。

二、推进家校共育,强化家长主体地位

《家庭教育促进法》第四十条规定:

中小学校、幼儿园可以采取建立家长学校等方式,针对不同年龄段未成年人的特点,定期组织公益性家庭教育指导服务和实践活动,并及时联系、督促未成年人的父母或者其他监护人参加。

《家庭教育促进法》第四十一条规定:

中小学校、幼儿园应当根据家长的需求，邀请有关人员传授家庭教育理念、知识和方法，组织开展家庭教育指导服务和实践活动，促进家庭与学校共同教育。

首先，应健全组织，加强家庭教育的领导与管理。在制定发展规划时，应将家长学校作为重要内容加以考虑，可以分学段开办家长学校，建立学校家庭教育工作领导小组，建立家长学校委员会，调整和充实学校、年级、班级三级家长委员会，制订家庭教育工作计划，确定主要人员，以年级或班级为单位组织实施家庭教育指导工作，并进行考核评价。

其次，加强家庭教育指导队伍建设。中小学校、幼儿园要全面加强家庭教育指导教师队伍建设和培养，逐步建立以分管德育工作的干部以及班主任、德育教师等为主体，专家学者和优秀家长共同参与，专职、兼职相结合的家庭教育指导队伍。

最后，坚持立德树人、育人为本。帮助家长了解未成年人不同年龄段的表现和成长特点，尊重未成年人的合理需要和个性，创设适合未成年人成长的必要条件和生活情境，不断提高家庭教育的针对性。

（一）幼儿园家庭教育指导

幼儿园家庭教育要重点指导家长为幼儿提供安全、健康的生活和活动环境，培养幼儿良好生活习惯。指导家长积极带领幼儿感知祖国与家乡的美好；加强幼儿营养保健和体育锻炼，培养幼儿生活自理能力和劳动意识；重视生活的教育价值，持续丰富幼儿的感性经验，尊重和保护幼儿的好奇心和学习兴趣，支持和满足幼儿通过直接感知、实际操作和亲身体验获取经验的需要；引导幼儿关心、尊重他人,学会与人交往;培养幼儿规则意识、安全意识,增强社会适应性;科学做好小学入学准备。

（二）小学家庭教育指导

小学家庭教育要重点指导家长培养孩子朴素的爱国情感和道德修养,建立珍惜生命、尊重自然的意识,增强孩子居家、出行的自我保护意识及基本的自救知识与技能,养成良好的生活习惯、运动习惯、学习习惯和劳动习惯;指导家长提升自身道德修养,处处为孩子做表率;指导家长注重孩子学习兴趣的培养,保护和开发孩子的好奇心,正确对待孩子的学习成绩,设置合理期望,不盲目攀比,用全面和发展的眼光看待、评价孩子,增强孩子学习自信心,保证孩子每日睡足 10 小时,注意用眼卫生并定期检查视力和听力;培养一两项能够终身受益的体育爱好;从细微处入手,提高孩子的生活自理能力,养成生活自理的习惯,树立劳动创造价值的观念,具备一定的劳动技能;指导家长积极参与家庭、学校、社会之间的协同教育。

（三）初中家庭教育指导

初中家庭教育要重点指导家长理解、以身作则践行社会主义核心价值观,让少年能够结合自己的现实和未来,自觉践行爱国、敬业、诚信、友善等价值准则,明辨是非;针对少年快速发育、情绪敏感等特点和青春期身心变化等,指导家长重视青春期人格发展,不断调整教养方式,帮助少年悦纳自我,开展适时适度的性教育;指导家长构建良好的亲子关系,学会倾听少年的意见和感受,尊重、欣赏、认同和分享少年的想法,提高少年信息素养、预防网络游戏成瘾和手机依赖,提高自我管理能力;指导家长注重激发少年的内在学习动力、正确应对学习压力,有效缓解和避免学业焦虑;指导家长开展心理健康、职业启蒙与生涯规划指导,引导少年建立良好的情绪管理能力,支持少年参加社会实践活动,承担必要的家务劳动和社会劳动,引导加深少年对各种职业的了解。

(四)高中阶段家庭教育指导

高中家庭教育要重点指导家长帮助青少年树立国家意识、树立理想信念,认识国家前途、命运与个人价值实现的统一关系,建立法治观念,增强社会责任意识和自我管理能力;指导家长做好青春期教育、心理健康教育和生涯规划教育,以平常心对待升学,引导和尊重青少年确立未来发展的职业志向和人生规划,树立学习与生活的自信;引导青少年开展正常的同性和异性社交活动,加强自身修养,培养正确的审美观,形成健康的生活方式;指导家长注重提升青少年的信息素养,预防与克制网络与手机依赖,了解、预防和正确处理校园欺凌现象。

三、广泛发动群众,引导社会参与

《家庭教育促进法》第四十二条规定:"具备条件的中小学校、幼儿园应当在教育行政部门的指导下,为家庭教育指导服务站点开展公益性家庭教育指导服务活动提供支持。"具体表现如下。

(一)建立社区支持体系

中小学校、幼儿园要与妇联、关工委等部门密切配合,加强与街道、社区(村)家庭教育指导服务机构的联系,整合优质资源开展指导服务工作。有条件的中小学校、幼儿园可定期派家庭教育指导教师到社区(村)家长学校为家长提供公益性家庭教育指导服务,构建学校、家庭和社会"三位一体"的育人体系,形成协同育人的合力。

（二）统筹各类社会资源

积极引导社会力量参与学校家庭教育指导服务工作，鼓励社会力量提供家庭教育指导服务资源。依托科技馆、青少年活动中心、乡村少年宫和青少年社会实践基地等平台，为城乡不同年龄阶段孩子及其家庭提供相应的家庭教育指导服务。鼓励和支持有条件的机关、社会团体、企事业单位为家长提供公益性家庭教育指导服务，从而构建社会各方资源协同的工作网络。

91

中小学校发现未成年学生严重违反校规校纪或有不良行为的，应该如何正确处理？

《家庭教育促进法》第四十三条规定：

中小学校发现未成年学生严重违反校规校纪的，应当及时制止、管教，告知其父母或者其他监护人，并为其父母或者其他监护人提供有针对性的家庭教育指导服务；发现未成年学生有不良行为或者严重不良行为的，按照有关法律规定处理。

一、严重违反校规校纪

中小学校发现未成年学生严重违反校规校纪的，应当及时制止、管教，告知其父母或者其他监护人，并为其父母或者其他监护人提供有针对性的家庭教育指导服务。

中小学生校规校纪的基础是《中小学生行为准则》《中学生日常行为规范》，是对行为准则的细化。《中小学生守则（2015年修订）》共9条，涵盖学生德智体美劳全面发展的基本要求。包括：

（一）爱党爱国爱人民。了解党史国情，珍视国家荣誉，热爱祖国，热爱人民，热爱中国共产党。

（二）好学多问肯钻研。上课专心听讲，积极发表见解，乐于科学探索，养成阅读习惯。

（三）勤劳笃行乐奉献。自己事自己做，主动分担家务，参与劳动实践，热心志愿服务。

（四）明礼守法讲美德。遵守国法校纪，自觉礼让排队，保持公共卫生，爱护公共财物。

（五）孝亲尊师善待人。孝父母敬师长，爱集体助同学，虚心接受批评，学会合作共处。

（六）诚实守信有担当。保持言行一致，不说谎不作弊，借东西及时还，做到知错就改。

（七）自强自律健身心。坚持锻炼身体，乐观开朗向上，不吸烟不喝酒，文明绿色上网。

（八）珍爱生命保安全。红灯停绿灯行，防溺水不玩火，会自护懂求救，坚决远离毒品。

（九）勤俭节约护家园。不比吃喝穿戴，爱惜花草树木，节粮节水节电，低碳环保生活。

二、有不良行为或者严重不良行为

发现未成年学生有不良行为或者严重不良行为的，按照有关法律规定处理。有关法律主要指《预防未成年人犯罪法》，其中第三章"对不良行为的干预"和第四章"对严重不良行为的矫治"设专章规定。

《预防未成年人犯罪法》第二十八条规定：

本法所称不良行为，是指未成年人实施的不利于其健康成长的下列行为：

（一）吸烟、饮酒；

（二）多次旷课、逃学；

（三）无故夜不归宿、离家出走；

（四）沉迷网络；

（五）与社会上具有不良习性的人交往，组织或者参加实施不良行为的团伙；

（六）进入法律法规规定未成年人不宜进入的场所；

（七）参与赌博、变相赌博，或者参加封建迷信、邪教等活动；

（八）阅览、观看或者收听宣扬淫秽、色情、暴力、恐怖、极端等内容的读物、音像制品或者网络信息等；

（九）其他不利于未成年人身心健康成长的不良行为。

《预防未成年人犯罪法》第三十八条规定：

本法所称严重不良行为，是指未成年人实施的有刑法规定、因不满法定刑事责任年龄不予刑事处罚的行为，以及严重危害社会的下列行为：

（一）结伙斗殴，追逐、拦截他人，强拿硬要或者任意损毁、占用公私财物等寻衅滋事行为；

（二）非法携带枪支、弹药或者弩、匕首等国家规定的管制器具；

（三）殴打、辱骂、恐吓，或者故意伤害他人身体；

（四）盗窃、哄抢、抢夺或者故意损毁公私财物；

（五）传播淫秽的读物、音像制品或者信息等；

（六）卖淫、嫖娼，或者进行淫秽表演；

（七）吸食、注射毒品，或者向他人提供毒品；

（八）参与赌博赌资较大；

（九）其他严重危害社会的行为。

92

婴幼儿照护服务机构、早期教育服务机构应该如何落实家庭教育？

《家庭教育促进法》第四十四条规定：

婴幼儿照护服务机构、早期教育服务机构应当为未成年人的父母或者其他监护人提供科学养育指导等家庭教育指导服务。

刚出生的孩子就像一张白纸，等待家长为他涂抹人生的底色。父母的一言一行、一点一滴会在潜意识里影响孩子的一生。弗洛伊德说过，潜意识决定一个人的命运。俗话说："三岁看大，七岁看老。"1~7岁也许不到一个人人生长度的十分之一，却奠定了他一生的基调。

这个阶段的孩子接收外在事物的能力以及学习能力都非常强，父母的行为以及家庭的氛围对孩子影响根深蒂固。父母一定要做好言传身教，对上要孝敬尊敬长辈，对外要乐于助人，夫妻要和睦谦让，爱孩子但不能宠溺。如果父母对孩子给予高质量的陪伴，以及基本生活习惯礼仪的培养，孩子就能很快吸收。我们教育孩子的每一件事、每一个习惯、每一种思想，都和孩子的健康成长息息相关。家庭教育的成功,凭借的就是父母教育理念的高度,因此婴幼儿照护服务机构、早期教育服务机构要把这种教育理念教给家长,而不是在婴幼儿期间就急于筹划孩子应该学哪些知识。

"蒙以养正,圣功也。"童蒙说的是孩子的本来状态,人之初,性本善。养正就是家长运用合理的方法帮助孩子培养他这颗本善的心,将善与乐相结合引导孩子,他一生的品行就打好基础了。

因此,婴幼儿照护服务机构、早期教育服务机构要接受专业的童蒙养正教育,熟悉这个年龄段孩子的特征,才能够为婴幼儿的父母或者其他监护人提供科学养育指导等家庭教育指导服务。

93

医疗保健机构如何落实家庭教育?

《家庭教育促进法》第四十五条规定:

　　医疗保健机构在开展婚前保健、孕产期保健、儿童保健、预防接种等服务时,应当对有关成年人、未成年人的父母或者其他监护人开展科学养育知识和婴幼儿早期发展的宣传和指导。

《妇幼保健机构管理办法》(以下简称"《办法》")规定了妇幼保健机构的功能与职责、机构设置、人员配备与管理、制度建设、保障措施、监督管理等事项。《办法》指出,各级妇幼保健机构是由政府举办,不以营利为目的,具有公共卫生性质的公益性事业单位,是为妇女儿童提供公共卫生和基本医疗服务的专业机构。妇幼保健机构开展包括青春期保健、婚前和孕前保健、孕产期保健等妇女保健服务;开展包括胎儿期、新生儿期、婴幼儿期、学龄前期及学龄期儿童保健服务,重点加强儿童早期综合发展、营养与喂养指导、生长发育监测、心理行为咨询、儿童疾病综合管理等儿童保健服务。

　　婚前保健、孕产期保健、儿童保健、预防接种是医疗保健机构与有关成年人、未成年人父母或者其他监护人建立联系的渠道,从医疗保健机构切入家庭教育指导的覆盖面最广泛。因此《家庭教育促进法》规定医疗保健机构在开展婚前保健、孕产期保健、儿童保健、预防接种等服务时有针对性地进行科学养育知识和婴幼儿早期发展的宣传和指导。医疗保健机构越了解家庭环境对养育孩子的影响和婴幼儿早期发展的规律,宣传和指导工作越仔细,未成年人受益就越大,家庭教育落实效果就越好。医疗保健机构的工作人员除了掌握常规的职业技术以外,学习并熟练掌握家庭教育相关理念和方法,在开展业务工作时自然地对未成年人父母或者其他监护人进行家庭教育指导,能够切实帮助未成年人赢在家庭教育的起跑线上,实现为国家培养德智体美劳全面发展的社会主义建设者和接班人。

94

公共文化服务机构、爱国主义教育基地和新闻媒体为什么要宣传家庭教育？

《家庭教育促进法》第四十六条规定：

图书馆、博物馆、文化馆、纪念馆、美术馆、科技馆、体育场馆、青少年宫、儿童活动中心等公共文化服务机构和爱国主义教育基地每年应当定期开展公益性家庭教育宣传、家庭教育指导服务和实践活动，开发家庭教育类公共文化服务产品。

广播、电视、报刊、互联网等新闻媒体应当宣传正确的家庭教育知识，传播科学的家庭教育理念和方法，营造重视家庭教育的良好社会氛围。

图书馆、博物馆、文化馆、纪念馆、美术馆、科技馆、体育场馆、青少年宫、儿童活动中心等公共文化服务机构和爱国主义教育基地是青少年成长阶段培养精神文化素养非常重要的场所，是青少年学业外滋养心灵的源泉，也是父母陪孩子去得比较多的地方。父母普遍认可这些地方，如果每年在这些地方定期开展公益性家庭教育宣传、家庭教育指导服务和实践活动，开发家庭教育类公共文化服务产品，父母会认可并接受，家庭教育服务能够得到贯彻实施。

广播、电视、报刊、互联网等新闻媒体宣传正确的家庭教育知识，传播科学的家庭教育理念和方法，营造重视家庭教育的良好社会氛围，容易形成社会共识。父母或者其他监护人会在潜移默化中形成一种"家庭教育理应如此"的观念，通过这样的方式逐步更正家庭教育理念，转变家庭教育模式，为社会和国家培养德才兼备的人才打下坚实的家庭基础。

家庭教育服务机构如何
加强自律管理?

《家庭教育促进法》第四十七条规定:

家庭教育服务机构应当加强自律管理,制定家庭教育服务规范,组织从业人员培训,提高从业人员的业务素质和能力。

一、家庭教育服务机构的重要性

《家庭教育促进法》第四条规定:

未成年人的父母或者其他监护人负责实施家庭教育。

国家和社会为家庭教育提供指导、支持和服务。

国家工作人员应当带头树立良好家风,履行家庭教育责任。

《家庭教育促进法》第三十六条规定:

自然人、法人和非法人组织可以依法设立非营利性家庭教育服务机构。

县级以上地方人民政府及有关部门可以采取政府补贴、奖励激励、购买服务等扶持措施，培育家庭教育服务机构。

教育、民政、卫生健康、市场监督管理等有关部门应当在各自职责范围内，依法对家庭教育服务机构及从业人员进行指导和监督。

从以上法律条款可以看出，国家和社会为家庭教育提供了指导、支持、服务，而真正对家庭教育理论和实践全面系统掌握的应该是家庭教育服务机构。为各部门、机构、企事业单位、学校、社区开展家庭教育提供技术指导培训，为未成年人父母或者其他监护人提供具体指导服务，是否对具体的家庭真正有帮助，则在于家庭教育服务机构从业人员是否真正掌握了家庭教育理论，是否经过了实践的检验。帮助父母或者其他监护人对未成年人实施道德品质、身体素质、生活技能、文化修养、行为习惯等方面的培育、引导和影响，促进未成年人全面健康成长是家庭教育服务机构的职责所在，而且责任相当重大。提高从业人员的业务素质和能力是家庭教育服务的基础和服务效果的保障。

二、自律方能正人

家庭教育本身就是"以心换心"的教育，家庭教育服务的出发点和终点都是在一颗真心上。通过指导家长正心，从而引导孩子正心。对于心的考量，没有人能够直接看到，但长久下来，大家心里都有一杆秤。比如教培机构，刚开始的出发点也是对的，是为国家培养专业人才。但随着资本的介入，商业逐利的本性使得其违背了初心，违背初心的深层原因就是教培机构失去了自律。自律是指遵循法度,自我约束。唐朝诗人张九龄曾在《贬韩朝宗洪州刺史制》写道:"不能自律,何以正人?"《家庭教育促进法》从法律上规定了家庭教育服务机构应当加强自律管理,这是一大进步,将良心置于法律条文中,既是对家庭教育服务机构的提醒,也为社会和家庭对家庭教育服务机构进行监督提供了依据。

未成年人的父母或者其他监护人、被委托人不依法履行家庭教育责任的,应如何处理?

《家庭教育促进法》第四十八条规定:

> 未成年人住所地的居民委员会、村民委员会、妇女联合会,未成年人的父母或者其他监护人所在单位,以及中小学校、幼儿园等有关密切接触未成年人的单位,发现父母或者其他监护人拒绝、怠于履行家庭教育责任,或者非法阻碍其他监护人实施家庭教育的,应当予以批评教育、劝诫制止,必要时督促其接受家庭教育指导。
>
> 未成年人的父母或者其他监护人依法委托他人代为照护未成年人,有关单位发现被委托人不依法履行家庭教育责任的,适用前款规定。

批评教育是和正面教育相对的概念,是一种通过批评指出错误,要求改正错误的教育方式。思想政治工作不仅要从正面讲道理,而且要对教育对象的错误进行深刻的剖析和批评,指出其错误的严重性和危害性。这种以批评为主的教育方式,一般是在教育对象犯有原则性错误或坚持错误思想,经耐心教育无效时采用的。批评教育以批评错误为主,但绝不是一味地批评,而是要在批评中进行正面教育和启发疏导,使批评和正面引导相结合。

劝诫是指劝告行为人改正缺点错误,警惕未来。制止是指强迫行为人使之停止,不允许继续(行动)。

这款条文说明家庭教育并非私事,未成年人住所地的居民委员会、村民委员会、妇女联合会,未成年人的父母或者其他监护人所在单位,以及中小学校、幼儿园等有关密切接触未成年人的单位均有义务监督父母或者其他监护人实施家庭教育的责任。通过批评教育、劝诫制止,必要时督促其接受家庭教育指导等手段让未成年人父母或者其他监护人履行家庭教育的责任,保护未成年人的成长。

97

什么部门在什么情况下可以对父母或者其他监护人予以训诫，并可以责令其接受家庭教育指导？

《家庭教育促进法》第四十九条规定：

> 公安机关、人民检察院、人民法院在办理案件过程中，发现未成年人存在严重不良行为或者实施犯罪行为，或者未成年人的父母或者其他监护人不正确实施家庭教育侵害未成年人合法权益的，根据情况对父母或者其他监护人予以训诫，并可以责令其接受家庭教育指导。

这款条文的意义在于从法律上明确了"孩子出问题，是家长家庭教育出了问题"。公安机关、人民检察院、人民法院对未成年人父母或者其他监护人训诫只是手段，目的是要他们接受家庭教育指导，给孩子提供良好的家庭教育。这款条文分以下两种情况。

一是公安机关、人民检察院、人民法院在办理案件过程中，发现未成年人存在严重不良行为或者实施犯罪行为，对父母或者其他监护人予以训诫，并可以责令其接受家庭教育指导。孩子犯罪，错在家长，是家长该教的不会教或者没有教，所以弥补措施就是责令其接受家庭教育指导。

二是公安机关、人民检察院、人民法院在办理案件过程中，发现未成年人的父母或者其他监护人不正确实施家庭教育侵害未成年人合法权益的，根据情况对父母或者其他监护人予以训诫，并可以责令其接受家庭教育指导。

98

负有家庭教育工作职责的政府部门、机构在什么情形下，其上级机关或者主管单位可责令限期改正或依法予以处分？

《家庭教育促进法》第五十条规定：

负有家庭教育工作职责的政府部门、机构有下列情形之一的，由其上级机关或者主管单位责令限期改正；情节严重的，对直接负责的主管人员和其他直接责任人员依法予以处分：

（一）不履行家庭教育工作职责；

（二）截留、挤占、挪用或者虚报、冒领家庭教育工作经费；

（三）其他滥用职权、玩忽职守或者徇私舞弊的情形。

责令限期改正，是指行政主体责令违法行为人在规定的期限内停止和纠正违法行为，以恢复原状，维持法定的秩序或者状态，具有事后弥补性。为使违法当事人很好地改正违法行为，行政机关也有责任帮助一些自我整改有困难的违法行为人，为他们提供支持和服务。比如负有家庭教育工作职责的政府部门、机构可能自身不具备履行家庭教育工作职责的能力，上级机关或者主管单位应为它们提供支持。

行政处分是国家行政机关依照行政隶属关系给予有违法失职行为的国家机关公务人员的一种惩罚措施，包括警告、记过、记大过、降级、撤职、开除。

哪些机构违反本法规定不履行或者不正确履行家庭教育指导服务职责的，将由主管部门处理？

《家庭教育促进法》第五十一条规定：

家庭教育指导机构、中小学校、幼儿园、婴幼儿照护服务机构、早期教育服务机构违反本法规定，不履行或者不正确履行家庭教育指导服务职责的，由主管部门责令限期改正；情节严重的，对直接负责的主管人员和其他直接责任人员依法予以处分。

这一条针对的是家庭教育指导服务机构不履行或者不正确履行家庭教育指导服务职责采取的措施。特别要指出的是，中小学校、幼儿园、婴幼儿照护服务机构、早期教育服务机构具有家庭教育指导服务职责，这些单位以前没有家庭教育指导服务职责，自身并不具备家庭教育指导服务能力。教育者首先是受教育者，这些单位首先要接受家庭教育指导培训，自身具备家庭教育指导服务能力，方能履行家庭教育服务职责。

100

家庭教育服务机构在什么样的
情形下由主管部门进行处理?

《家庭教育促进法》第五十二条规定:

　　家庭教育服务机构有下列情形之一的,由主管部门责令限期改正;拒不改正或者情节严重的,由主管部门责令停业整顿、吊销营业执照或者撤销登记:

　　(一)未依法办理设立手续;

　　(二)从事超出许可业务范围的行为或作虚假、引人误解宣传,产生不良后果;

　　(三)侵犯未成年人及其父母或者其他监护人合法权益。

　　该条文涉及三种违法违规行为:一是未依法办理设立手续,属于非法开展业务;二是机构是依法设立的,但是从事超出许可业务范围的行为或作虚假、引人误解宣传,并且产生了不良后果;三是开展业务活动时侵犯了服务对象的合法权益。

　　主管部门根据违法违规行为情节轻重做出的处理包括以下几种。

　　一是责令限期改正。要求违法行为人停止违法行为、消除不良后果、恢复原状,是补救性措施,不具有惩罚的性质。

二是拒不改正或者情节严重的,由主管部门责令停业整顿、吊销营业执照或者撤销登记,属于行政处罚行为,依据是《中华人民共和国行政处罚法》第四条:"公民、法人或者其他组织违反行政管理秩序的行为,应当给予行政处罚的,依照本法由法律、法规或者规章规定,并由行政机关依照本法规定的程序实施。"行政处罚的种类包括:① 警告、通报批评。② 罚款,没收违法所得、没收非法财物。③ 暂扣或者吊销许可证件、降低资质等级。④ 限制开展生产经营活动、责令停产停业、责令关闭、限制从业。⑤ 行政拘留。⑥ 法律、行政法规规定的其他行政处罚。

附 录

中华人民共和国家庭教育促进法

（2021 年 10 月 23 日第十三届全国人民代表大会
常务委员会第三十一次会议通过）

目录

第一章　总则

第一条　为了发扬中华民族重视家庭教育的优良传统，引导全社会注重家庭、家教、家风，增进家庭幸福与社会和谐，培养德智体美劳全面发展的社会主义建设者和接班人，制定本法。

第二条　本法所称家庭教育，是指父母或者其他监护人为促进未成年人全面健康成长，对其实施的道德品质、身体素质、生活技能、文化修养、行为习惯等方面的培育、引导和影响。

第三条　家庭教育以立德树人为根本任务，培育和践行社会主义核心价值观，弘扬中华民族优秀传统文化、革命文化、社会主义先进文化，促进未成年人健康成长。

第四条　未成年人的父母或者其他监护人负责实施家庭教育。

国家和社会为家庭教育提供指导、支持和服务。

国家工作人员应当带头树立良好家风，履行家庭教育责任。

第五条　家庭教育应当符合以下要求：

（一）尊重未成年人身心发展规律和个体差异；

（二）尊重未成年人人格尊严，保护未成年人隐私权和个人信息，保障未成年人合法权益；

（三）遵循家庭教育特点，贯彻科学的家庭教育理念和方法；

（四）家庭教育、学校教育、社会教育紧密结合、协调一致；

（五）结合实际情况采取灵活多样的措施。

第六条　各级人民政府指导家庭教育工作，建立健全家庭学校社会协同育人机制。县级以上人民政府负责妇女儿童工作的机构，组织、协调、指导、督促有关部门做好家庭教育工作。

教育行政部门、妇女联合会统筹协调社会资源，协同推进覆盖城乡的家庭教育指导服务体系建设，并按照职责分工承担家庭教育工作的日常事务。

县级以上精神文明建设部门和县级以上人民政府公安、民政、司法行政、人力资源和社会保障、文化和旅游、卫生健康、市场监督管理、广播电视、体育、新闻出版、网信等有关部门在各自的职责范围内做好家庭教育工作。

第七条　县级以上人民政府应当制定家庭教育工作专项规

划,将家庭教育指导服务纳入城乡公共服务体系和政府购买服务目录,将相关经费列入财政预算,鼓励和支持以政府购买服务的方式提供家庭教育指导。

第八条　人民法院、人民检察院发挥职能作用,配合同级人民政府及其有关部门建立家庭教育工作联动机制,共同做好家庭教育工作。

第九条　工会、共产主义青年团、残疾人联合会、科学技术协会、关心下一代工作委员会以及居民委员会、村民委员会等应当结合自身工作,积极开展家庭教育工作,为家庭教育提供社会支持。

第十条　国家鼓励和支持企业事业单位、社会组织及个人依法开展公益性家庭教育服务活动。

第十一条　国家鼓励开展家庭教育研究,鼓励高等学校开设家庭教育专业课程,支持师范院校和有条件的高等学校加强家庭教育学科建设,培养家庭教育服务专业人才,开展家庭教育服务人员培训。

第十二条　国家鼓励和支持自然人、法人和非法人组织为家庭教育事业进行捐赠或者提供志愿服务,对符合条件的,依法给予税收优惠。

国家对在家庭教育工作中做出突出贡献的组织和个人,按照有关规定给予表彰、奖励。

第十三条　每年5月15日国际家庭日所在周为全国家庭教育宣传周。

第二章　家庭责任

第十四条　父母或者其他监护人应当树立家庭是第一个课

堂、家长是第一任老师的责任意识,承担对未成年人实施家庭教育的主体责任,用正确思想、方法和行为教育未成年人养成良好思想、品行和习惯。

共同生活的具有完全民事行为能力的其他家庭成员应当协助和配合未成年人的父母或者其他监护人实施家庭教育。

第十五条　未成年人的父母或者其他监护人及其他家庭成员应当注重家庭建设,培育积极健康的家庭文化,树立和传承优良家风,弘扬中华民族家庭美德,共同构建文明、和睦的家庭关系,为未成年人健康成长营造良好的家庭环境。

第十六条　未成年人的父母或者其他监护人应当针对不同年龄段未成年人的身心发展特点,以下列内容为指引,开展家庭教育:

(一)教育未成年人爱党、爱国、爱人民、爱集体、爱社会主义,树立维护国家统一的观念,铸牢中华民族共同体意识,培养家国情怀;

(二)教育未成年人崇德向善、尊老爱幼、热爱家庭、勤俭节约、团结互助、诚信友爱、遵纪守法,培养其良好社会公德、家庭美德、个人品德意识和法治意识;

(三)帮助未成年人树立正确的成才观,引导其培养广泛兴趣爱好、健康审美追求和良好学习习惯,增强科学探索精神、创新意识和能力;

(四)保证未成年人营养均衡、科学运动、睡眠充足、身心愉悦,引导其养成良好生活习惯和行为习惯,促进其身心健康发展;

(五)关注未成年人心理健康,教导其珍爱生命,对其进行交通出行、健康上网和防欺凌、防溺水、防诈骗、防拐卖、防性侵等方面的安全知识教育,帮助其掌握安全知识和技能,增强其自我保护

的意识和能力;

（六）帮助未成年人树立正确的劳动观念,参加力所能及的劳动,提高生活自理能力和独立生活能力,养成吃苦耐劳的优秀品格和热爱劳动的良好习惯。

第十七条 未成年人的父母或者其他监护人实施家庭教育,应当关注未成年人的生理、心理、智力发展状况,尊重其参与相关家庭事务和发表意见的权利,合理运用以下方式方法:

（一）亲自养育,加强亲子陪伴;

（二）共同参与,发挥父母双方的作用;

（三）相机而教,寓教于日常生活之中;

（四）潜移默化,言传与身教相结合;

（五）严慈相济,关心爱护与严格要求并重;

（六）尊重差异,根据年龄和个性特点进行科学引导;

（七）平等交流,予以尊重、理解和鼓励;

（八）相互促进,父母与子女共同成长;

（九）其他有益于未成年人全面发展、健康成长的方式方法。

第十八条 未成年人的父母或者其他监护人应当树立正确的家庭教育理念,自觉学习家庭教育知识,在孕期和未成年人进入婴幼儿照护服务机构、幼儿园、中小学校等重要时段进行有针对性的学习,掌握科学的家庭教育方法,提高家庭教育的能力。

第十九条 未成年人的父母或者其他监护人应当与中小学校、幼儿园、婴幼儿照护服务机构、社区密切配合,积极参加其提供的公益性家庭教育指导和实践活动,共同促进未成年人健康成长。

第二十条 未成年人的父母分居或者离异的,应当相互配合履行家庭教育责任,任何一方不得拒绝或者怠于履行;除法律另有规定外,不得阻碍另一方实施家庭教育。

第二十一条　未成年人的父母或者其他监护人依法委托他人代为照护未成年人的,应当与被委托人、未成年人保持联系,定期了解未成年人学习、生活情况和心理状况,与被委托人共同履行家庭教育责任。

第二十二条　未成年人的父母或者其他监护人应当合理安排未成年人学习、休息、娱乐和体育锻炼的时间,避免加重未成年人学习负担,预防未成年人沉迷网络。

第二十三条　未成年人的父母或者其他监护人不得因性别、身体状况、智力等歧视未成年人,不得实施家庭暴力,不得胁迫、引诱、教唆、纵容、利用未成年人从事违反法律法规和社会公德的活动。

第三章　国家支持

第二十四条　国务院应当组织有关部门制定、修订并及时颁布全国家庭教育指导大纲。

省级人民政府或者有条件的设区的市级人民政府应当组织有关部门编写或者采用适合当地实际的家庭教育指导读本,制定相应的家庭教育指导服务工作规范和评估规范。

第二十五条　省级以上人民政府应当组织有关部门统筹建设家庭教育信息化共享服务平台,开设公益性网上家长学校和网络课程,开通服务热线,提供线上家庭教育指导服务。

第二十六条　县级以上地方人民政府应当加强监督管理,减轻义务教育阶段学生作业负担和校外培训负担,畅通学校家庭沟通渠道,推进学校教育和家庭教育相互配合。

第二十七条　县级以上地方人民政府及有关部门组织建立家庭教育指导服务专业队伍,加强对专业人员的培养,鼓励社会工作者、志愿者参与家庭教育指导服务工作。

第二十八条　县级以上地方人民政府可以结合当地实际情况和需要,通过多种途径和方式确定家庭教育指导机构。

家庭教育指导机构对辖区内社区家长学校、学校家长学校及其他家庭教育指导服务站点进行指导,同时开展家庭教育研究、服务人员队伍建设和培训、公共服务产品研发。

第二十九条　家庭教育指导机构应当及时向有需求的家庭提供服务。

对于父母或者其他监护人履行家庭教育责任存在一定困难的家庭,家庭教育指导机构应当根据具体情况,与相关部门协作配合,提供有针对性的服务。

第三十条　设区的市、县、乡级人民政府应当结合当地实际采取措施,对留守未成年人和困境未成年人家庭建档立卡,提供生活帮扶、创业就业支持等关爱服务,为留守未成年人和困境未成年人的父母或者其他监护人实施家庭教育创造条件。

教育行政部门、妇女联合会应当采取有针对性的措施,为留守未成年人和困境未成年人的父母或者其他监护人实施家庭教育提供服务,引导其积极关注未成年人身心健康状况、加强亲情关爱。

第三十一条　家庭教育指导机构开展家庭教育指导服务活动,不得组织或者变相组织营利性教育培训。

第三十二条　婚姻登记机构和收养登记机构应当通过现场咨询辅导、播放宣传教育片等形式,向办理婚姻登记、收养登记的当事人宣传家庭教育知识,提供家庭教育指导。

第三十三条　儿童福利机构、未成年人救助保护机构应当对本机构安排的寄养家庭、接受救助保护的未成年人的父母或者其他监护人提供家庭教育指导。

第三十四条　人民法院在审理离婚案件时，应当对有未成年子女的夫妻双方提供家庭教育指导。

第三十五条　妇女联合会发挥妇女在弘扬中华民族家庭美德、树立良好家风等方面的独特作用，宣传普及家庭教育知识，通过家庭教育指导机构、社区家长学校、文明家庭建设等多种渠道组织开展家庭教育实践活动，提供家庭教育指导服务。

第三十六条　自然人、法人和非法人组织可以依法设立非营利性家庭教育服务机构。

县级以上地方人民政府及有关部门可以采取政府补贴、奖励激励、购买服务等扶持措施，培育家庭教育服务机构。

教育、民政、卫生健康、市场监督管理等有关部门应当在各自职责范围内，依法对家庭教育服务机构及从业人员进行指导和监督。

第三十七条　国家机关、企业事业单位、群团组织、社会组织应当将家风建设纳入单位文化建设，支持职工参加相关的家庭教育服务活动。

文明城市、文明村镇、文明单位、文明社区、文明校园和文明家庭等创建活动，应当将家庭教育情况作为重要内容。

第四章　社会协同

第三十八条　居民委员会、村民委员会可以依托城乡社区公共服务设施，设立社区家长学校等家庭教育指导服务站点，配合家庭教育指导机构组织面向居民、村民的家庭教育知识宣传，为未成年人的父母或者其他监护人提供家庭教育指导服务。

第三十九条　中小学校、幼儿园应当将家庭教育指导服务纳入工作计划,作为教师业务培训的内容。

第四十条　中小学校、幼儿园可以采取建立家长学校等方式,针对不同年龄段未成年人的特点,定期组织公益性家庭教育指导服务和实践活动,并及时联系、督促未成年人的父母或者其他监护人参加。

第四十一条　中小学校、幼儿园应当根据家长的需求,邀请有关人员传授家庭教育理念、知识和方法,组织开展家庭教育指导服务和实践活动,促进家庭与学校共同教育。

第四十二条　具备条件的中小学校、幼儿园应当在教育行政部门的指导下,为家庭教育指导服务站点开展公益性家庭教育指导服务活动提供支持。

第四十三条　中小学校发现未成年学生严重违反校规校纪的,应当及时制止、管教,告知其父母或者其他监护人,并为其父母或者其他监护人提供有针对性的家庭教育指导服务;发现未成年学生有不良行为或者严重不良行为的,按照有关法律规定处理。

第四十四条　婴幼儿照护服务机构、早期教育服务机构应当为未成年人的父母或者其他监护人提供科学养育指导等家庭教育指导服务。

第四十五条　医疗保健机构在开展婚前保健、孕产期保健、儿童保健、预防接种等服务时,应当对有关成年人、未成年人的父母或者其他监护人开展科学养育知识和婴幼儿早期发展的宣传和指导。

第四十六条　图书馆、博物馆、文化馆、纪念馆、美术馆、科技馆、体育场馆、青少年宫、儿童活动中心等公共文化服务机构和爱国主义教育基地每年应当定期开展公益性家庭教育宣传、家庭教育指导服务和实践活动,开发家庭教育类公共文化服务产品。

广播、电视、报刊、互联网等新闻媒体应当宣传正确的家庭教育知识,传播科学的家庭教育理念和方法,营造重视家庭教育的良好社会氛围。

第四十七条　家庭教育服务机构应当加强自律管理,制定家庭教育服务规范,组织从业人员培训,提高从业人员的业务素质和能力。

第五章　法律责任

第四十八条　未成年人住所地的居民委员会、村民委员会、妇女联合会,未成年人的父母或者其他监护人所在单位,以及中小学校、幼儿园等有关密切接触未成年人的单位,发现父母或者其他监护人拒绝、怠于履行家庭教育责任,或者非法阻碍其他监护人实施家庭教育的,应当予以批评教育、劝诫制止,必要时督促其接受家庭教育指导。

未成年人的父母或者其他监护人依法委托他人代为照护未成年人,有关单位发现被委托人不依法履行家庭教育责任的,适用前款规定。

第四十九条　公安机关、人民检察院、人民法院在办理案件过程中,发现未成年人存在严重不良行为或者实施犯罪行为,或者未成年人的父母或者其他监护人不正确实施家庭教育侵害未成年人合法权益的,根据情况对父母或者其他监护人予以训诫,并可以责令其接受家庭教育指导。

第五十条　负有家庭教育工作职责的政府部门、机构有下列

情形之一的,由其上级机关或者主管单位责令限期改正;情节严重的,对直接负责的主管人员和其他直接责任人员依法予以处分:

（一）不履行家庭教育工作职责;

（二）截留、挤占、挪用或者虚报、冒领家庭教育工作经费;

（三）其他滥用职权、玩忽职守或者徇私舞弊的情形。

第五十一条　家庭教育指导机构、中小学校、幼儿园、婴幼儿照护服务机构、早期教育服务机构违反本法规定,不履行或者不正确履行家庭教育指导服务职责的,由主管部门责令限期改正;情节严重的,对直接负责的主管人员和其他直接责任人员依法予以处分。

第五十二条　家庭教育服务机构有下列情形之一的,由主管部门责令限期改正;拒不改正或者情节严重的,由主管部门责令停业整顿、吊销营业执照或者撤销登记:

（一）未依法办理设立手续;

（二）从事超出许可业务范围的行为或作虚假、引人误解宣传,产生不良后果;

（三）侵犯未成年人及其父母或者其他监护人合法权益。

第五十三条　未成年人的父母或者其他监护人在家庭教育过程中对未成年人实施家庭暴力的,依照《中华人民共和国未成年人保护法》《中华人民共和国反家庭暴力法》等法律的规定追究法律责任。

第五十四条　违反本法规定,构成违反治安管理行为的,由公安机关依法予以治安管理处罚;构成犯罪的,依法追究刑事责任。

第六章　附则

第五十五条　本法自 2022 年 1 月 1 日起施行。